「学び合い」の授業づくり入門

学力が向上する！
「学び合い」の算数授業「35+10」分モデル

石田淳一・神田恵子 著

明治図書

はじめに

　全国の小学校の中には，学力の定着に課題がある学校も少なくないと思います。基礎・基本的な知識・技能の習得が難しい原因の1つに，45分の授業では，教科書の全ての問題を扱えないことがあるように思います。毎日の授業では原則，教科書にある問題と練習を全て扱うことが，知識・技能の習得のためには必要です。また，子どもの思考力が育たないのも，「考える手がかり」を与えずに，「考えなさい」と指示するだけだからではないでしょうか。本書は，学力アップのための新しい授業展開として「35＋10」分モデルを提案し，知識・技能の確実な習得や思考力を身につけるための授業づくりをスタートするための入門書です。

　学力アップのためには子どもの協働的な学びも欠かせません。本書は「どのように学び合う授業づくりのスタートをしたらよいか」という先生方の質問に応えるためにまとめました。学力向上を目指す学び合いのある算数授業をつくるためのスタートの授業では，子どもが，聴き方・話し方・学び合いの仕方を学ぶこと，教師が，授業設計や問題提示の工夫やつなぐ話し合いを導くための働きかけを理解することが必要です。これらについて，本書は，学び合いを始めた学校の普段の授業例をもとに書かれているので，学び合いによる算数の授業改善を始める際の参考になることと思います。

　本書は，平成27年度科学研究費助成事業基盤研究（C）（課題番号25381171）「協同的な学びを軸とする算数授業モデルの構築に関する実証的研究」の補助を受けて収集された授業実践をもとに書かれています。最後になりましたが，本書の刊行にあたり，石川県小松市立第一小学校，矢田野小学校，能美市立辰口中央小学校，川北町立川北小学校の協力をいただきました。心より感謝申し上げます。

2016年9月

石田淳一

目次

はじめに 2　おわりに 134

Part1　まず，はじめよう！学び合いのある授業の環境づくり

1　つながる学級をつくる ── 7
❶学び合いの授業とは　7
❷学び合いを支える土壌をつくる　8
❸授業像を共有する　8

2　学び合いの基本を徹底的に指導する ── 9
❶モデルをもたせる　9
❷少人数の話し合いに慣れさせる　9
❸聴き方指導と話し方指導はセットで指導する　10
❹助け合い・教え合いが役立つことを教える　11
❺「見る」「聴く」「伝える」を大切にする　11
❻「待つ」「聴く」「促す」働きかけをする　14

Part2　絶対成功する！授業づくり10のコツ＆問題提示の工夫

1　学力向上を目指す授業づくり10のコツ ── 16
❶　コツ1　短い時間の復習を行う　16
❷　コツ2　解釈問題を活用する　17
❸　コツ3　解法の見通しを共有する　18
❹　コツ4　ペア・グループ・全体の学習形態を活用する　19

❺ コツ5　考える手がかりを与える　19
❻ コツ6　基礎基本の定着のための手立てを工夫する　20
❼ コツ7　まとめの仕方を工夫する　22
❽ コツ8　適用題・発展問題を試す時間を確保する　23
❾ コツ9　振り返りの仕方を指導する　24
❿ コツ10　活用する力を問う問題にも触れさせる　25
2　問題提示の工夫　────────── 26
❶既習の定着を確実にする問題提示　26
❷単元の足場づくりができる導入問題　27
❸考える対象を焦点化する発問　29
❹オープンな問題に変える　30
❺読み聞かせによる問題把握　30
❻条件不足問題の提示　31

Part3　学力向上につながる！授業展開モデル&授業設計の工夫

1　授業設計と単元指導計画の工夫　────────── 33
❶「35＋10」分の授業展開モデル　33
❷単元指導計画の工夫　37
2　学力向上につながる授業展開例　────────── 43
❶新しい知識・技能の習得とその習熟を目指す授業　43
❷思考させてから新しい知識・技能を教えて習熟をはかる授業　46

❸学び合いを取り入れて学力を確実につける授業　48
❹図のかき方を教えてから，式を考え，学び合う授業　51
❺習得と活用の両方をねらう授業　56

Part4　実例から見る！学び合い×学力向上の授業づくりのコツ

1　4年　小数÷整数（第1時）「35＋10」分の展開モデルA ── 59
2　4年　小数÷整数（第2時）「35＋10」分の展開モデルB ── 79

Part5　子どもが変わる！学び合い・聴き方・話し方の指導

1　授業の中で行う学び合いの指導例 ──────── 94
　❶授業前：授業が始まる前に　94
　❷導入1：問題1を把握する　95
　❸導入2：線分図のかき方を指導する　97
　❹展開1：問題1の式を考え，みんなで話し合う　98
　❺展開2：グループで考えた問題2の線分図を話し合う　100
　❻展開3：問題2の式を考え，みんなで話し合う　101
　❼まとめ：まとめを考える　103
2　シナリオ教材を用いた聴き方・話し方の指導例 ──── 104
　❶シナリオ教材　104

❷授業の進め方と板書例　104
　　資料　シナリオ教材　106
　❸シナリオ教材を用いた聴き方・話し方の指導の展開　108
　❹シナリオ教材の解説　109
3　聴く力を育てる効果的な言葉かけ ──────── 111
　❶聴き方の重要性　111
　❷聴く力を鍛える場面別教師の言葉かけ　112

Part6　ちょっとした働きかけでできる！つながる話し合い

1　学び合いを支える教師の働きかけ ──────── 114
　❶「相談させる・促す・算数トークさせる」一連の働きかけ　114
　❷「促す・算数トークさせる」一連の働きかけ　116
　❸「相談させる・促す・算数トークさせる・問い返す」一連の働きかけ　119
2　子どもの考えを活かした問い返し・指示・発問 ──── 122
　❶問い返しで，考え方を指導したり，引き出したりする　122
　❷連続的な指示・発問で，解法を練り上げる　124
3　話し合いの進め方 ───────────────── 128
　❶子どもの考えの取り上げ方と話し合わせ方　128
　❷グループ学習後の話し合いの進め方　133

Part1 まず,はじめよう！ 学び合いのある授業の環境づくり

1 つながる学級をつくる

　学び合う算数授業づくりの土台には,学び合うための土壌づくりが欠かせません。温かで前向きな学び合う関係づくりと授業設計の工夫が両輪となって進むことにより,学力向上につながるからです。

❶学び合いの授業とは

　学び合いのある授業とは,かかわりの中で,互いの考えを交流させ,聴いて考えて伝え合うことで,考えを作ったり,考えが広がったり深まったりして変容し,自分や仲間の進歩を実感できる授業です。

　学び合いのある授業では,仲間の考えを受け入れ,考えを広げる子どもの姿,考え続けて,高まる自己の変容を自覚する子どもの姿,自分の考えを仲間に伝え,分かち合う子どもの姿,学びを楽しむ子どもの姿が見られます。

　またこのような子どものいるクラスでは,安心,笑顔,自信,意欲,協力,達成,喜び,向上という言葉で表される空気が漂っています。

「学び合う」土壌づくり　＋　授業設計の工夫

認め合える温かい人間関係づくり
授業像の共有化
向上心やクラスに貢献しようとする意識の耕し

問題提示の工夫
ホップステップジャンプの思考の高まり
ねらいを明確にした学習形態

❷学び合いを支える土壌をつくる

　学び合う授業づくりのためには，共感的な人間関係が土台となります。互いを認め合い，大事にし合う関係づくりを学校教育活動の全ての時間に行っていきます。学級担任であれば，最初の出会いである学級開きから，級外であれば，授業開きから始まっています。

　学級開きや授業開きで一番重要なのは，子どもたちに安心感を与えることです。まずは教師が子どもたちを共感的に受け止め安心できるように笑顔で語りかけます。一人一人が大切にされるように一人一人を適切に認め評価し，喜びを伝えます。

　縦糸を強く張りながら，子どもどうしを楽しくかかわらせ横糸を張りめぐらすような仕掛けを日々行います。ゲーム的要素を入れながら，横の友達，前と後ろの友達，周りの友達と広める声かけを行っていきます。ペアや3，4人グループなど随時，かかわる機会を意図的につくり，その様子を見てよりよいかかわりをしている子どもを見つけ評価します。つながることの心地よさを体感させることが何より大事です。そのための方策を練り，授業で温かい声かけや受け入れる心と前向きな気持ちを耕していくのです。

❸授業像を共有する

　学級づくりは，授業を通して行います。日々行う授業により，どんな成長した姿を目指すのか，どんな集団を目指すのかが，とても大切です。その糸口として，教師が学び合う授業イメージを子どもたちに明確にもたせることが必要になります。「こんな授業を〇人で作っていって〇人全員が成長する！」という強い思いを，教師もクラスの子どもたちももてるとよいです。その授業像に向けて，子どもたち一人一人が自分の目標を具体的にもち，自己の成長とクラスの高まりのために何ができるかを絶えず問う姿勢が求められます。

2 学び合いの基本を徹底的に指導する

　話し合い場面が発表だけになってしまい，学び合いにならない原因は何でしょうか？　そもそも子どもが話し合いの仕方を知らない，学び合う学級集団のイメージがもてない，考えをもてないままに話し合いに参加している，友達の言うことがわからない，人間関係が耕されていないなど，さまざまな理由が考えられます。

❶モデルをもたせる

　話し合いの仕方の指導については，4月から5月上旬にかけて指導することが必要です。話し合いの仕方と聴き方・話し方の指導はいっしょにすることが大切です。例えば，算数シナリオを用いた指導ができます。これは，算数授業における教師と子どもの授業記録をもとに望ましいと思われる子どものつなぐやり取りをシナリオにしたものです。授業の1つの場面でもいいので，子どもどうしがどんな話し方をしているか？，どんな聴き方をしているか？，どんなつながり方ができているか？に注目させてシナリオを読ませ，自分たちの算数授業像を話し合うとよいです。
　イメージをもたせるのに効果的な方法は，子どもの授業参観です。学び合いができているクラスの算数授業を10分程度でもよいので，教師とともに参観して，教室にもどり，どんな点がよかったかを話し合うというものです。

❷少人数の話し合いに慣れさせる

　学級集団30人規模のクラスで話し合うよりも，3，4人のグループ集団やペアの方が子どもは話しやすいものです。もちろん単にペアやグループでの話し合いをさせればよいのではなく，話し合いの質を高めるための指導を伴ったペア学習，グループ学習を目指すことが大切です。

ペア学習やグループ学習を継続して授業の中に取り入れていくことで子どもはだんだん話し合いの仕方がうまくなります。ペア学習やグループ学習の約束を示すこと，また，はじめはこの約束を活動前に確認し，活動後に振り返らせることが必要です。

　　　ペア学習の約束　例　　　　　　　グループ学習の約束　例

ペア学習の約束 例	グループ学習の約束 例
○すぐ話し始める ○自分の考えを伝える ○相手の考えを確かめる ○ペアで説明できるようにする	○みんなで考えを出し合う ○わからないことをきく ○よりよい考えを見つける ○全員が納得して説明できるようにする

　他方，ペア学習やグループ学習がうまくできるようになるためには，普段の授業の中で近くの子どもどうしで短時間算数トークや相談ができるようになっていることが素地になります。仲間と算数トークする経験を豊かにするとよいです。

❸聴き方指導と話し方指導はセットで指導する

　聴き方指導と話し方指導はつながったものです。しかし通常私たちは話し方に目が行きがちです。語り始めの言葉等は指導しやすく，聴き方については姿勢などしか外見上でわからないからです。ですから，「手遊びしないで目で聴きなさい。」などの指導で終わってしまいます。「つなぐ」ということを意識させると，自分の考えと比べたりさらによくできないかと考えたりしながら聴いていないと，つないで話すことはできません。よりよいつなぎ方をした子どもを評価する際に，「○○さんはなぜこのようにつなげたのかな？」と考えさせることで，友達の発言をしっかり聴くことが，つなぐために欠かせないことだと確認できます。

聴き方・話し方指導については，p.13にある子どもの5つの聴き方，子どもの10のつなぎ方ができるように指導します。これは算数シナリオを用いた指導とともに，普段の授業の中で，適宜指導しながら算数授業を行うことで実現できます。例えば，友達の発言がわからなければ，「もう一度言ってください。」「わからない。」などを仲間に伝える責任を教えます。このような発言を別の仲間が聴いて，友達の代わりにわかりやすく話すことができ，わからないと言った子どもがわかったとつぶやくような状況が生まれれば，そこには温かい人間関係も芽生えてきます。算数授業を通して，学級づくりの素地ができます。

❹助け合い・教え合いが役立つことを教える

　私たちは，ついつい，わからない子どもに教師だけが応える責任があると考えがちです。しかし，教師が一人の子どもにかかわり教えることよりも，子どもどうしで聴き合い教え合うことの方が，理解を深めることが多いです。学び合いのある授業では，子どもどうしが互いを尊重し，助け合い，支え合うことが自然に表出され，どの子どもも安心して授業に参加できます。
　子どもたちには，「わからない。」「教えて。」と仲間に助けを求める責任と，仲間からのSOSに親身になって応える責任があることを教えます。わからないと素直に伝えることと困っている仲間を助けることは，当たり前であることを学ぶ姿勢として位置づけ，そうすることでみんなが成長し心地よくなっていくことを実感させます。協同的な学びの姿勢を育む第一歩は，仲間への信頼と仲間を気にかけることを行動で表させることだと思います。

❺「見る」「聴く」「伝える」を大切にする

　学び合う算数授業をつくるために，子どもの側にも教師の側にも大切にしたい3つの「見る」「聴く」「話す」があります。

学び合いのある算数づくりで大切なことを，教師と子どものそれぞれについて，以下にまとめます。子どもの聴き方と教師の働きかけの双方がコラボすることで学び合いの授業が成立することを表しています。

子ども		教師
・仲間の様子を見る ・仲間の考えを聴く ・自分の疑問，発見や考えの変容を仲間に伝える	×	・子どもの姿を見て，待つ ・子どもの発言やつぶやきを聴く ・自発的相談，考えを広げ，高めるためにつなぐことを促す言葉かけをする

①仲間の様子を見る

　教師の問いかけにわかって，自分だけが手を挙げるのではなく，自分の周りの仲間の様子を見て，困っていないか，わかっているけれど，自信がなさそうなのかなど，挙手しながらでも見ることができるように指導します。

②仲間の考えを聴く

　自分の考えがあっても，仲間の考えをしっかり聴いて，もしその考えの方が優れていれば，自分の考えを変えられるかどうか，もし考えがもてなければ，仲間の考えを聴いてわかれば，それを自分の中に取り込めるかどうか，友達の説明を聴いて補う必要があるかどうかなどを判断するためには聴くことが大事です。

　仲間の話を聴く時には，以下に示すように子どもの5つの聴き方（石田・神田，2014）ができるようにします。

＊子どもの5つの聴き方
　★友達の考えが正しいか考える。
　　「正しいかな？」
　★友達の考えや思いを想像して共感する。
　　「よいところはどこかな？　何を言いたいのかな？」
　★よりよくできないか考える。
　　「よりよくできないかな？」
　★前の学習やそれまでの友達の考えと関係づけられないか考える。
　　「習ったことや友達の考えとつなぐことはできないかな？」
　★新しい発見や自分の学びの深まりを考える。
　　「学んだことは何かな？」

③自分の考えを伝える

　聴いて考えたことがあれば，それを仲間に伝えることが大切です。とりわけ，つなぐためには，聴いてわからなければそのわからないを伝えること，聴いてわかったらそのわかったことを自分の言葉で話すこと，質問や疑問や発見，何でも仲間に返すことで仲間が聴いて考えるきっかけになることを理解させることが大切です。
　子どもの10のつなぎ方（石田・神田，2014）を理解することは学び合いのある授業づくりに役立ちます。

＊子どもの10のつなぎ方
　☆言い換える…「自分の言葉で言います。」
　☆付け加える…「付け足します。」「図を使って分かりやすくします。」
　☆質問する…「質問します。」「〜が分からないんだけど…。」
　☆異なる意見を表明する…「○○さんの考えは間違っています。なぜなら
　　　…。」「○○さんの考えと少し違って，わたし（ぼく）は…。」

☆よりよくする…「〜をこうするともっと簡単に解けます。」
☆関連づける…「前習った〜と似ていて…」「習った〜が使えそうです。」「○○さんの考えと△△さんの考えは同じでどれも…。」
☆評価する…「○○さんの考えの〜がやりやすいです。」「A〜Cを比べるとどれも…と考えているけれど，Bがいつでも使えるのでいいと思います。」
☆変容・発見を表現する…「最初〜と考えていたけど…の考えもできると気づきました。」「○○さんの考えを聴いて，〜の考えに変わりました。」「分からなかったけど，○○さんの説明を聴いて分かりました。」
☆まとめる…「つまり…。」「AとBの考えをまとめると〜。」「今日の発見は〜。」
☆発展させる…「もしも〜なら…。」「だったら〜。」「○○を変えてもう１問しませんか。」

❻「待つ」「聴く」「促す」働きかけをする

①子どもを見て待つ

　教師の発問に即座に反応する子どもばかりではありません。多くの子どもが考え始めていることが見てわかれば，待つことが大切です。教師が待つことで，子どもが自分から動こうとします。その意味でも子どもの様子を見取り，待つことが子どもを育てるためにも役立ちます。

②つぶやきを聴く

　小さなつぶやきを聴き取って，それを拾い，つぶやいた子どもに仲間に伝えるように促すことも大切な役割です。

③つなぐことを促す働きかけ・言葉かけ

　教師の役割として，子どもの発言をつなぐように促すこと，自発的相談を促すこと，子どもの考えに対する問い返しによりクラス全体に思考させることなど，指導内容の説明よりも子どもの学び合いを支えることが大切です。
　教師の働きかけには，次の11の教師の働きかけがあります。

＊11の教師の働きかけ
　○ほめる…つなぎ方，聴き方を多面的にほめてモデルを学ばせる。
　○相談させる…挙手の具合や表情を見て，思考を活性化させる。
　　「相談させる」は，「算数トークさせる」という言い方もします。
　○つなぐことを促す…子どもが聴いて考える力をつける。
　○子どもの言葉を繰り返す…発言を受け止めて理解する機会とする。
　○方向づける…ねらいにせまる話し合いの方向へ導く。
　○とめる…授業の流れをとめて，子どもの発言に注目させて，その意味を
　　　　　　考えさせる。「とめる」に続いて「問い返す」が伴う。
　○もどす…授業の流れをとめて，さかのぼり，大切なことに気づかせたり
　　　　　　整理したり価値づけたりする。
　○ゆさぶる…あえて異なる考えや答えを示し，思考させる。
　○待つ…全員が考えたり，相談したりする間をとって学びをそろえる。
　○拾う…つぶやきを聴き取り，クラス全体に返し，考えを共有させる。
　○安心させる・励ます…苦手な子や自信のない子を積極的に参加させる。

参考文献
石田淳一・神田恵子『聴く・考える・つなぐ力を育てる！「学び合い」の質を高める算数授業』
明治図書　2014年

Part2 絶対成功する！授業づくり10のコツ&問題提示の工夫

1 学力向上を目指す授業づくり10のコツ

　学力アップをはかるために普段の算数の授業改善に役立つ10のコツを説明します。これが全てではありませんが，授業を見直すヒントとして役立ちます。

❶ コツ1　短い時間の復習を行う

　5年の「体積」単元を例に述べます。
　単元の導入時の場合，準備運動として，単元の学習で大切な考え方や既習事項の問題を与えます。体積の学習に入る前に，4年で学習した「面積」の意味や既習公式である長方形と正方形の公式の確認を行います。これは，レディネスをそろえるという目的と，今後の体積の学習が面積の学習と関連していることを子どもたちに意識づける目的ももっています。
　〈直方体のかさの表し方を考えよう〉という課題においても，「面積の場合は～だったから，かさの場合も～と考えたらどうか」という類推的思考を促すきっかけとなります。
　単元の学習が始まった第2時以降は，前時に学習した問題や本時内容に関連する既習問題を数問，解かせてみるとよいです。
　私たち指導者は，授業で教えたから子どもたちはわかっていると思い込みがちになりますが，実際のところ，多くの子どもたちは一度では理解しきれていないだけでなく，記憶にないことすらあるのです。また，授業では「わかった！」つもりでいたのに，時間がたつと何がわかったのか自信がない場合もみられます。

授業の導入時に，前時までの知識を確認したり基本問題を数問解かせたりすることは，知識の定着になり，本時問題の解決の見通しをもつことにも役立ちます。

　体積第2時では，体積の概念や，体積の単位が復習となります。さらに，1㎤に分けられた形を1㎤のいくつ分で表すことを全体で確認することも考えられます。直方体や立方体の公式を学習してからは，公式の確認や公式を使って解く問題を与えます。公式の意味も再度確認しておくとよいでしょう。公式は，何度も繰り返すことで身につきますが，公式の意味は子どもたちには残らないことが多いので，数回の繰り返しが必要です。

　このように，学習と学習ののりしろ部分をつくり，既習事項を活用して新たな学習を学んでいくというスタイルは，全ての子どもにやさしい算数学習の進め方と言えます。

　既習事項の振り返り学習として注意したいことは以下の点です。
・テンポよく進める。
・個人学習で時間の差が生まれないようにする。
・長々と行わず，時間を切って行う。
・本時学習に関連する内容は，板書に残す。

　復習問題として何を行うかを考えることは，本時の授業設計を考えるうえでも，とても大切です。復習の仕方として，問題を解くだけではなく，前時のノートを見ながら，既習事項を確認して，クラスの仲間に伝えたりペアで伝え合ったりすることも短時間でできます。全員が自分のノートを見て，授業開始を待つように指導することができるともっとよいでしょう。

❷ コツ2　解釈問題を活用する

　初めから子どもたちに問題を考えさせると，多様に考え収拾のつかない場合があります。また，どうやって考えたらいいのかわからない子どもも出てきます。そこで，問題を解釈問題（式や図，グラフ，表から，解法や意味を

読み取る問題）として提示し，そのアイデアや解法を説明させることを行うとよいです。

例えば，5年の「小数×小数」第3時〈整数×小数の計算の仕方を考えよう〉では，80×0.3の計算の仕方を考える際に，下のような図を提示し，考えを説明させることができます。

```
80 × 0.3  =  □      0.3mの代金
    ↓×10    ↑÷10
80 × 3    = 240    3mの代金
```

その際に，友達の説明につないでよりよくさせたり，自分の言葉で説明したりすることを鍛えるのです。解釈させることで，表現力や思考力がつくことが期待できます。解釈させるものとして指導者が準備したものの他，クラスの友達の解法や，途中までのものを示す場合もあります。また，意図的に間違えた考えを読ませて間違いの理由を指摘させたり，クラスの中で出て来なかった考えを読ませたりすることもできます。

❸ コツ3　解法の見通しを共有する

見通しをもって，問題に取り組むことはその見通しがうまくいけば今後も使える見通しとして意識化されます。うまくいかなければ，なぜうまくいかなかったのかを考える材料になります。いずれの場合も次の学習に活かせます。見通しをもつことがほとんどできていないのに，個人学習をさせても，多くの子どもは解決が進まないまま時間を過ごすことになるので，見通しを相談させたり，見通しを話し合って共有したりする場をもつことが大切です。

見通しを友達と共有することで，手がかりが増えて解決意欲がわいてきます。授業では，個人で解決できなくても，友達と共に考え，教え合い解決へと進むことができたら，学び合う楽しさや意義が感じられるのではないでし

ょうか。3分の2以上の子どもが見通しをもつことができた時点で、見通しを話し合わせるとよいです。見通しのもたせ方のポイントは、「似た問題がなかったか」「学習したことを使えないか」です。

見通しのもち方として以下のことを常日頃から指導する必要があります。
・何を手がかりに考えればよいかな。
・習ったどんなことが使えるかな。
・どんな方法ですればいいかな。
・答えはおよそどれくらいになるかな。

❹ コツ4　ペア・グループ・全体の学習形態を活用する

　学習形態を協働的な学びがしやすくすると、学習意欲が顕著に高まり、それに伴って基礎基本の定着にもつながります。子どもを一人ぼっちにしないことを基本に算数授業での学習形態を工夫するとよいです。学力向上のための授業モデルでは、グループ学習や全体学習から始めます。

　子どもの理解度に合わせて、一人の発言を短い時間でペアで確認させたり、見通しを相談させたり、問題をペア解決やグループ解決させることで学習への参加度が高まります。自力解決にこだわらずに、問題1から積極的にグループや全体での解決を取り入れることで、成績上位の子どもには説明力をつけたり、学び直しの機会になったりします。また成績下位の子どもには聴いてわかることで、問題2や適用題が自分で解けることにつながります。

❺ コツ5　考える手がかりを与える

　考える手がかりとは、問題を解決する時に、思考を進めるきっかけとなるヒントや図などの情報です。何も手がかりを与えずに、問題を与えて「一人で考えましょう。」とするのではなく、一人一人の思考を活性化させるためのヒントを与えることがクラスの学習状況によっては必要であり、それが効

果的です。

　例えば，教科書にある図や子どもの解答なども考えるきっかけとなるヒントと言えます。

　自力解決の時間を十分確保して自由に取り組ませても，全員が時間を有効に使えるわけではありません。また，どんな方法でも好きにやらせたことを話し合わせると，思考が高まるのは難しいです。例えば，途中までを示してこの続きを考えさせるとか，線分図を使って考えようと指示するなど，考える手がかりを示します。全員を考える土台に乗せると，その後の解決がスムーズになります。話し合いの際にも，焦点化して話し合われるので，思考が高まります。1つの解法を読ませたり解決したりした後で，この考え方とは別の考え方で解いてみようなどと指示することもできます。その場合は，解決した1つの方法で図の表し方や説明の仕方などを学ぶことができ，それを手がかりに別解を考えることになります。

❻　コツ6　基礎基本の定着のための手立てを工夫する

＊個人作業を授業時間にきちんと取り入れること

　問題をみんなで話し合い解決する活動の後に，個人で問題に取り組ませても取り組めない子どももいます。そのような子どもは全員で解決した問題1の解答を自分でワークシートやプリント，ノートに書く作業がもしあれば，状況は変わる可能性もあります。聞きっぱなしにさせずに，こまめに1時間の中で個人作業させる工夫も必要です。一斉にそこまでに学んだ内容を振り返りながら，ワークシートなどを用いて書き込みながら確認する活動は基礎基本の定着のために有効です。

＊学習内容の確認のためのペアトーク

　新しいことを学んだ後に，ペアで説明をし合わせることは，学習内容の定着に役立ちます。ペアトークは，問題解決後だけではなく，ペア相談として，

問題解決前や途中で行うと学習内容の理解に役立ちます。また、説明できることを目標とする授業では、学んだ説明の仕方をペアで伝え合う活動が欠かせません。みんなで唱えた後に、ペアで伝え合うことで説明の仕方に慣れていきます。

＊唱えさせる

　算数の授業中に声を出して、説明の仕方を唱えさせます。声に出すことで、脳に響かせ脳の活性化にもつながります。新しい用語を唱えるなど、学んだことを口に出して言う活動も重要です。

＊思考のツールとしての図のかき方をしっかり指導する

　算数ではさまざまな図が使われます。図は思考するためのツールとして位置づけることが大切です。ツールとしてそれを使って考えることができるようにするには、図のかき方は教えて、使いこなして、思考表現させることでよさを実感できるようにするとよいです。

　図のかき方の指導として、次のように3ステップで指導すると効果的です。

> ステップ1　教師が指導する図をかいて見せる。
> 　この時、教師が子どもとやり取りしながら図をかいて見せるようにする。子どもが図の意味を理解できるように、その手順を学べるようにする。
> ステップ2　子どもが教師といっしょに図をかく。
> 　この時、教師は黒板で再度、図のかき方の手順を確認しながら子どもと同時にかくようにする。
> ステップ3　子どもが自ら図をかいて問題を解く。
> 　はじめはペアやグループで問題を図に表して問題を解かせる。

　この3ステップを行うことで、図のかき方が理解できるようになります。

図をよんだりかいて問題を解決したりする際にもステップを踏んで指導していくことが大切です。問題を図に表すやり方として、問題文を読みながら数値や未知数が出てきた順にかくという方法があります。これを指導しておくと、〇図、テープ図、線分図、関係図など、いろいろな図がかきやすくなります。

❼ コツ7　まとめの仕方を工夫する

＊めあてとつなげる

　授業のまとめは授業の課題とつながっています。課題の答えがまとめと言ってもよいです。まとめを考える時には、必ず課題に立ち返り、そこまでの学習を振り返り、まとめを作るようにします。

　課題を板書する時に、板書計画のまとめの位置に、「まとめ」と書くと、そのまとめを作るためにこれから学習が始まることを意識化できます。

＊方法のまとめを行う

　内容のまとめだけではなく、方法のまとめを行うことも重要です。問題を解く際に役立った方法や考え方をまとめるのです。

　数学的な考え方を育てるには、日々の授業の中で、授業展開や内容指導と関連付けて繰り返し指導していくとともに、まとめの際に解決に役立った考えを整理することで意識化されます。

＊まとめのタイミング

　学習のまとめをするのはいつがいいのでしょうか？　通常は、授業の最後にまとめが位置づけられます。しかし、いくつかの問題を解いた後でまとめるよりも、1問解いてわかったことをまとめて、次の問題ではそのまとめを使って解く練習をした方がいいことも多いです。つまり、1問の解決の話し合いの後、「発見」という形で小さなまとめを行うのです。その際は、授業

の最後にまたまとめることはしないで，振り返りを書かせます。

＊まとめを考える活動

まとめを考える活動もいろいろな方法があるので，単元指導計画の中でどんなまとめの仕方を行うかを考えるとよいです。

・全体で話し合い，１つのものにまとめる。
・全体で話し合い，個人に任せる。
・グループで話し合い，まとめる。
・グループで話し合い，全体に紹介する。
・キーワードを示して，個人に任せる。

全体でまとめていく際にも，子どもの言葉を用いながら進め，途中まで黒板に書いて続きを子どもたちに任せる方法や，穴あきにする方法などのバリエーションが考えられます。また，時には，図や記号を用いてまとめてみたり，箇条書きにしたり等，工夫するとよいです。

＊まとめを自分で考えることができるようにするための指導の手順

最終的には，子どもが一人でまとめを考えて作れるようにしたいです。

1　グループ相談させてから，まとめを作らせる。
2　グループ相談させてから，自分でその相談をもとにまとめをかく。
3　自分でまとめをかく。

このような手順で指導するとよいです。

❽ コツ8　適用題・発展問題を試す時間を確保する

学び合う時間はとても大切ですが，学力の定着のためには，５分間程度の学習したことを試す時間は日々確保できるようにすることが大切です。本時で学んだことを使って，評価問題を一人で解く時間を確保しましょう。本時問題を個人やグループで解いたとしても，もう一度個人に戻って問題に取り

組むことで，本時の学びが確かめられます。1回ではわからなかった子どもも，学んだ解法を思い出しながら使うことで，理解が確実になりできた喜びを感じられます。時間がない場合は，振り返りを書く時間を削って問題を解かせるか，家庭学習を多めに出すかします。「わかる」と「できる」は違うので，問題を解かせることを重視します。「わかったつもり」を防ぐためには，自分の言葉で隣の子に説明させたり，説明を書かせたりすることも適用練習に含めると効果的です。そのためには，1時間の授業のタイムマネジメントと評価問題の質が大切です。1問で終わることのない時間の使い方とこの問題を解けるようにするというねらいをもって授業を設計します。

❾ コツ9 振り返りの仕方を指導する

　振り返ることで，学習内容を確認する，自分や友達の変容や成長を見つめる，新たな課題を見つけるなどで，知識の定着や思考力・表現力の向上につながっていきます。振り返りを書くことを毎時間3分間でも位置づけ続けることで，短時間で的確に振り返ることができるようになり，表現力も少しずついていきます。

　次のような振り返りの視点を指導するとよいです。
　・発見までの道筋
　・自分の進歩
　・友達のよかった考え
　・次に考えたいこと

　このような振り返りの視点をもたせるには，まず，教師が理想とする振り返りを自分で書き，手本として子どもに示すことから始めることがよいです。

　また，自由に書かせるよりも，キーワードを示して使わせたり，視点を1つか2つに絞ったりするなど条件を示して振り返らせると力がつきます。よい振り返りをお便りに載せたり，グループで見合ったりすると意識化につながります。

次の資料は，川北小学校で作られた振り返りの仕方を学ばせる算数お便りです。

資料

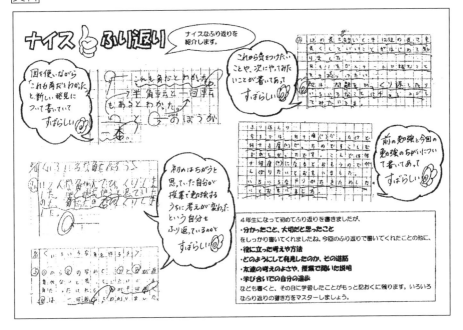

❿ コツ10　活用する力を問う問題にも触れさせる

　多段階思考を要する問題や，式と言葉で説明する問題などは，子どもたちはとても苦手としています。難しいからと言って，子どもたちにそのような問題に出合わせないと，基本問題しか解けないことになります。

　宿題や隙間時間に，活用する力を問う問題をさせて，解き方を解説するようにします。既習事項をどのように使うとよいか，十分な説明にするにはどんなことが必要かは，解かせて指導していくことを重ねるようにします。

2 問題提示の工夫

　問題提示の工夫も学力向上を目指す授業づくりにおいて大切な視点です。少しの工夫で，子どもの興味・関心を高めるためだけではなく，既習知識の再確認や定着にも役立ちます。

❶既習の定着を確実にする問題提示

　算数の問題は既習事項をもとにして解決できます。しかし，その問題自体は必ずしも既習事項の顕在化が伴っているとは限りません。したがって，それを顕在化する工夫が必要です。
　例えば，1年「100をこえる数」の授業では，数え棒が何本あるかが問われ，100を超える数の読み方と書き方を学習します。この時，既習事項の定着をはかるために，既習を使って表現処理する活動を含めるようにします。

　例えば，問1で113の数え棒を提示する時，10の束11個とばら3本ではなく，10の束10個とばら13本を提示して，全部で何本ですかを問えば，「ばら10本で10の束を1つつくる」活動を含めることができます。また，問2で106の数え棒を提示する時に，10の束10個とばら6本を提示するのではなく，

10の束9個とばら16本をばらばらに提示すると,子どもはこの問題を解決するのにどんなことが必要になるでしょうか？

・ばらばらな数え棒を見やすく並べること
・ばら10本で10の束1個ができること
・10の束10個で100ができること

これらはいずれも既習事項ですから,問題提示の仕方を少し工夫すれば,既習の確認をすることができます。

❷単元の足場づくりができる導入問題

1年3学期に学習する「多い方・少ない方」の授業を例に説明します。この単元では第1時に「多い方はいくつ」を,第2時に「少ない方はいくつ」を学習します。この学習の既習は,1学期の「ちがいはいくつ」の学習です。ここでは「…は…より○こ多い」「…は…より○こ少ない」という表現ができるようにします。この学習をそれぞれ第1時と第2時に別々にするのではなく,第1時の導入の工夫で2つの表現を取り扱い,第2時でもその2つの言い方を繰り返し扱うことで習得しやすくなります。

> 問題1　いぬは7ひきいます。ねこはいぬより2ひきおおいです。ねこはなんひきですか。

学習の準備となる足場づくりを,既習の求差の問題場面の挿絵からわかることを伝え合う活動で行います。

まず,導入問題としてみかん5個とりんご8個の絵を見せて,気づき「みかんが5個,りんごが8個」を引き出します。「まだわかることないですか？」と問い,「みかんが5個,りんごが8個,りんごの方が3個多いです。」に気づかせることができます。

・りんごはみかんより3こおおい。
・みかんはりんごより3こすくない。

　この2つの言い方を板書して，第1時の教科書の問題に取り組ませれば，足場があるので解決が容易になります。また，問題場面の数量関係を2つの言い方「犬はねこより2匹少ない」「ねこは犬より2匹多い」が言えるようになります。同じ事象を異なる言い方で言えることも理解しやすくなります。

　このように既習事項の確認ができ，本時学習の足場となるとともに，第1時の学習が第2時の学習の足場になります。したがって，既習と関連付けた導入の問題提示は大切です。本時は求大の学習ですが，2時間を通じて，2つの表現をすることを指導しておくことが大切です。

仲間を気にかけ支える

❸考える対象を焦点化する発問

　算数が苦手な子どもには，考える対象の焦点化は学びを促進するために必要です。

　例えば，2年「三角形・四角形の弁別」の授業で，次の問題を用いて提示する時，どんな発問をすれば考える対象を焦点化できるでしょうか。

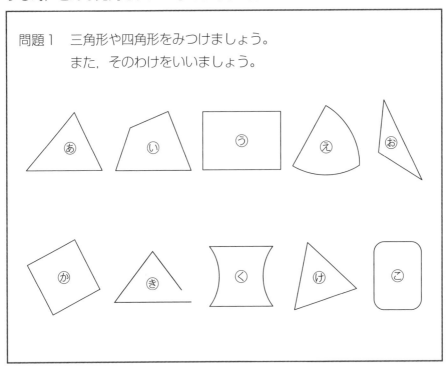

　「絶対に三角形はどれですか？　また絶対に四角形はどれですか？」という発問によって，子どもが迷わずに選択できる図形とそうでない図形に分けることができます。そのうえで，判断がすぐにできない三角形について，全体学習でなぜ三角形と言えないかを話し合い，定義に基づいて判断することが大事であることを学ばせ，四角形について個人で四角形かどうかの判断とその理由の説明を考えさせる活動を仕組むことができます。

❹オープンな問題に変える

　教科書の問題は，少し工夫すれば思考問題に変えることができます。その1つの方法はオープンな問題にすることです。ここで紹介するのは，2年「数の大小」の問題です。

問題1　赤組のとく点と白組のとく点をくらべてみましょう。また赤組と青組ではどうですか。
赤　347　　　白　250　　　青　289

　この問題に，黄組の点数，25● を加えたらどうでしょうか。

　赤組，白組，青組の得点の大小を，まず百の位で比べ，次に十の位で比べることで，得点の大きい方から赤組，青組，白組の順に並べられます。その後に，黄組を提示します。

　黄組の百の位は2で，十の位が5なので，黄組と白組を比べることになります。黄組の十の位は5で，一の位が●で表されているので，●に入る数がいくつであれば，黄組が白組より大きいかを考えさせることができます。

　黄組の●がもし0であれば白組と同点で，●がもし1から9であれば黄組の方が大きいことになります。このようなオープンな問題で「もし…ならば」という仮定する考えを指導することができます。

❺読み聞かせによる問題把握

　通常は問題文を黒板に提示して読ませてから，わかること，求めることを問うことで問題把握をさせることが多いです。しかし，子どもの問題把握をアクティブなものにするために，読み聞かせによる問題把握があります。読み聞かせによる問題把握の活動は，「問題を聴いて理解する⇒聴いてわかったことを伝え合う⇒問いを作る⇒問題の情報を整理する」の順に展開します。

　3年の「逆思考文章題」第2時の授業を例に説明します。まず，教師は，黒板に挿絵を貼って，「あとから聞くからしっかり頭の中に映してね。」と予

告して，逆思考文章題の第2時（p.54参照）の問題1を「あめとガムを買いに行きました。あめは30円，ガムは40円でした。ラムネもほしくなって買ったら，全部で90円になりました。」まで読み聞かせます。

「ラムネは何円でしたか。」の問いは意図的に読みません。このやり方は子どもがイメージして問題を聴き，自分の言葉で問題場面を語ることができ，また問題条件の不足分を別の子どもが付け加えてつなぐことができるからです。協働的な学びの1つが問題把握場面でできるよさがあるのです。

❻条件不足問題の提示

条件不足問題として提示し，必要な条件や情報を考えながら問題を作る活動を仕組むことも大切です。

例えば，次の問題があります。

> 問題2　同じ種類のくぎがたくさんあります。全部で約400gあります。くぎ1本の重さは2.4gです。くぎは約何本ありますか。

この問題を下のような手順で問題提示することで，問題を作るためや問題を解くために必要な情報を考える力をつけることができます。グループで相談しながら進めれば，難しくはないです。

1　くぎの挿絵を見せる

> T　どんな問題でしょうか？　想像しましょう。
> C　例えば，1本何gか決めてその全部の数をかけて全部の重さを求める。
> C　その中の個数がどれくらいかな？

2　問題文の一部を見せる

> T　問題を見せます。「同じ種類のくぎがたくさんあります。全部で約400ｇあります。」
> C　おたずねがない。
> C　くぎは何本ですか。
> T　（おたずねの文を提示）「くぎは約何本ありますか。」

3　条件不足に気づかせる

> C　情報がたりない。
> C　１本の重さがわかればできそうです。

4　問題文を全て提示する

子どもの授業参観

Part3 学力向上につながる！授業展開モデル＆授業設計の工夫

1 授業設計と単元指導計画の工夫

　45分の授業展開の見直しをする場合に，残り10分の自由度を残しておくことが学力向上のためには必要です。また学び合いの授業，しっかり教える授業などのメリハリをつけた単元計画づくりも大切です。

❶「35＋10」分の授業展開モデル

①45分の授業で練習問題まで行っていますか？

　教科書のページ構成は，本時の学習内容を学ぶための主問題と学んだことを試す適用題の組み合わせでできています。主問題は1，2問であることもありますが，それぞれに対応する適用題がついています。これらの適用題は子どもが本時の学習内容がわかったどうかを確認するための問題です。習熟させること以外にも評価問題としての役割があります。45分の授業中に，必ず，適用題までできるように授業を行うことが大切です。しかしながら，実際には45分の授業で適用題まで扱える展開はできない場合も多いように思えます。

　その原因は，問題把握までに時間がかかりすぎること，見通しが不十分なままに自力解決させることで，個別指導などに時間がかかり，結果的に自力解決に予定以上に時間がかかること，全体の話し合い場面で取り扱う解法が絞り切れずに発表させるだけになってしまい時間がかかることなど，さまざまな理由が考えられます。

　よい授業の特徴の1つにテンポのよさがあります。45分間で適用題までで

きる授業をつくるためには，これまでの授業展開モデルを変えることが必要ではないでしょうか。

　次のノートは，本書 **Part4** の1（p.59参照）で取り上げる4年「小数÷整数の計算の仕方を考える」第1時の授業のノートです。このノートからは，45分の授業で教科書の問題を全て扱ったことがわかります。

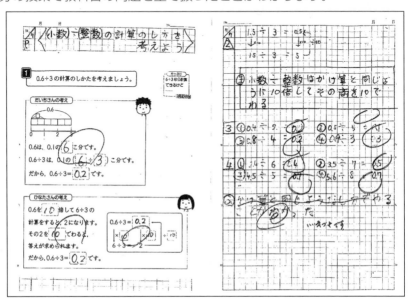

②「35＋10」分モデル　3つのタイプ

「みんなで学ぶ⇒ためす（時間の確保）」＋「学びの共有・自覚化」
35分　　　　　　　　　　　　　　　　10分

　45分間の授業を大きく2つに分けて，35分間を新しい学習内容を協働的に学び，残りの10分間を練習にあてるものです。残り10分間で子ども一人一人が適用題に取り組み，自己の学びを振り返ることができるようにします。こ

の基本的な授業設計のもとで、知識・技能の習得に力点をおく授業モデルAと思考力・表現力の育成に力点をおく授業モデルBを考えます。どちらも教科書に予定されている問題を行うことには変わりません。

　授業によっては、30＋15に変えることもできます。45分で扱う問題数や学習内容に依存しますので、柔軟に考えていいです。また、45分に指導する内容がいくつか含まれる場合にはモデルCを考えます。

＊授業展開モデルA
　モデルAは新規内容を扱う場合や教えて習熟させることをねらう授業に適しています。

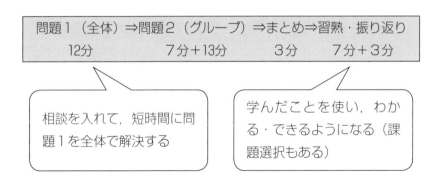

課題をつかむ
　①導入の問題把握に時間をかけずに5分以内で行う。
解決する
　②新しい学習をする時は、まずクラス全体で相談活動を適宜入れながらテンポよく問題1を解決する。（考える手がかりを与えて思考させる。見通しをしっかりもたせる。）
　③問題2をグループ学習（7分）で取り組ませる。（グループ隊形の個人学習も可能）
　④グループ学習後の発表・話し合い（13分）を行う。

|まとめる|
　⑤まとめを行う。
|たしかめる|
　⑥個人学習で適用題に取り組ませる。（発展問題の場合もある。）
|振り返る|
　⑦振り返りを行う。

　導入の問題把握に時間をかけずに5分以内で行うことや考えるきっかけを与えて思考させることがポイントです。問題2はグループ解決を基本としますが、グループ隊形の個人学習も可能です。このモデルで、習熟・振り返りを発展・振り返りに置き換える場合もあります。問題1の準備として、線分図などの図の指導を行ってから図をもとに式を考え、話し合う展開もこのモデルに含めます。

＊授業展開モデルB
　モデルBは、モデルAと異なり、問題1の解決を子どもに委ねます。既習知識をもとにある程度解決可能であると考えられる場合に、思考力をつけることをねらう授業に適しています。このモデルBにも習熟・振り返りを発展・振り返りと置き換えることがあります。

問題1（全体⇒グループ）⇒まとめ⇒問題2（個人）⇒習熟・振り返り
27分　　　　　　　3分　　　　10分　　　　　5分

　問題把握後に、グループで取り組ませ、解法について話し合う

　学んだことを使って、個人でたしかめ、わかるようになる

|課題をつかむ|
　①問題1の問題把握や見通し，課題設定を全体で行う。
|解決する|
　②グループ解決を行う。（ホワイトボード等利用）
　③発表・話し合う。
|まとめる|
　④本時のまとめを行う。
|たしかめる|
　⑤個人で学びを試す。
|振り返る|
　⑥本時の学びの振り返りを行う。

＊授業展開モデルC
　教科書の45分の指導内容が問題ごとに関連性はあるもののねらいが異なる場合や多くの問題を45分で扱う場合に適しています。

問題1（全体） ⇒ 問題2（グループ） ⇒ 問題3（個人） ⇒ まとめ・振り返り
10分　　　　　　12分　　　　　　10分　　　　　3分＋10分

　学習形態は，柔軟に変更できます。問題1，2，3を全て全体学習で進め，振り返りで適用題をすることもできます。また，問題1を個人で考え，全体で話し合い，問題2を個人で考え，全体で話し合い，問題3を個人で考え，全体で話し合うこともできます。

❷単元指導計画の工夫

　学力向上につながる授業改善のためには，単元指導計画を工夫することも大事です。

①各時間を教える・習熟・学び合いのいずれかを中心とする授業として割り振る

　本来，どの時間でも子どもどうしがかかわり合いながら学習を進められるとよいのですが，学力の定着のためには技能の習熟に時間をかけることも必要になります。単元全体を見通して，何を重点にするかを決めて授業を行うとよいです。また45分間の授業の中でも教えるところ，考えさせて話し合うところを区別し，メリハリをつけることが必要です。
　知識技能の習得を中心とするか，思考力を育てることに力点をおくかについては，それぞれ「35＋10」分モデルのモデルAで進めるかモデルB，モデルCで進めるかを検討するとよいです。

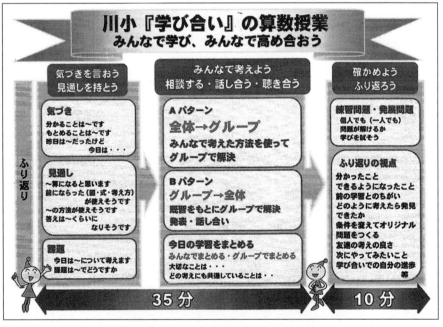

「35＋10」分モデルの活用例（川北小学校）

②メリハリをつけて,習熟の時間を生み出す

　単元全体を見渡して,教えることは教え,考えさせることを焦点化します。教科書の問題を全て教えなくても学んだことを活かして子どもに任せられるところを判断して,省略し,指導事項の重点化をはかること,また教えながらテンポよく進めて２時間分を思い切って１時間にまとめるところを作ると,１時間を生み出せて,効果的に使えます。

③どんな力を身につけたいかを描き,しかけを作る

例：面積公式の理由を説明する力をつけるために
　　「型を与える」,「型を使わせる」,「自分の言葉で説明する」
　まず説明の型を与えます。公式づくりの学習場面で,公式の意味の説明を子どもといっしょに考えてから,その公式の意味の説明が書かれたプリントを配り,読ませてからペアで説明し合いをさせます。
　次に,その型を手本に別の図形の公式の意味の説明の仕方を相談させながら考えさせます。
　最後は,自分の言葉で公式を説明できるようにします。
　実際に,台形やひし形の面積公式を説明する授業では,子どもが説明に慣れて,自分なりの説明文を書けるようになります。

　平行四辺形は,面積が同じ長方形に変えられます。
　長方形の横とたてにあたる部分が平行四辺形の底辺と高さだから,平行四辺形の面積＝底辺×高さで求められます。

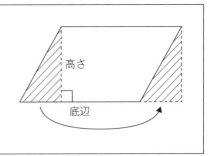

平行四辺形の面積の公式　説明パターン

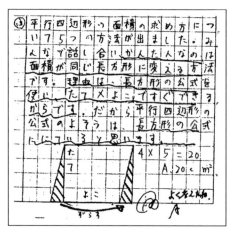

平行四辺形の面積の授業の振り返り

④単元を通して，自立へ向かわせるステップを踏んだ指導計画

　単元全体で教えて育てる指導計画という考え方に立ち，何をどこで教えるか，それをどこで活用して自ら考えてできるようにするかを考えます。
　例えば，5年「面積」単元で，見通しをもち，筋道を立てて考え，表現する力の育成を目指す時，指導計画を次のような3つのステップに分けるというものです。

ステップ1（第1時―第3時）
　4年の面積の復習から面積の意味を確認し，求積方法のアイデアを習得して，公式づくりの手順を理解する

　ステップ1では，平行四辺形（または三角形）の面積の学習で，この単元で活用できるように，まず新しい求積方法のアイデアである倍積変形，等積変形，分割などを習得すること，多様な解決方法をもとに公式を導くかの方法をしっかり学ばせます。

ステップ2（第4時―第6時）
　本時問題の解法の見通しを仲間と相談して解決できる

　ステップ2では，三角形（または平行四辺形）や四角形の面積の求め方の見通しを仲間と相談しながら考え，多様に解決することができます。またその解決方法をもとに公式を仲間といっしょに作ることができるようにします。

ステップ3（第7時―第8時）
　子ども自身で見通しを立てて解決できる

　ステップ3では，台形やひし形の面積を自分でいろいろに考え，自分なりの公式を作り出せるようにします。

⑤ 「35＋10」分モデルで単元指導計画を立てる

　45分の授業時間の残りの10分をどう使うかは大変重要です。学力の定着に課題のある学校ではこの時間は貴重です。この10分間にできることは何か？，教師が教えて進めた方がよい時間はないか？，子どもに考える時間をとって学び合いを中心とする時間はどこがよいか？などを考えて指導計画を立てます。

　4年「小数÷整数」の指導計画を例に示します。この小単元は全9時間で構成されています。第1時と第2時は小数÷整数の計算の仕方を考えることが中心の授業で，第3時以降は筆算の仕方の指導です。その中でも第6時は商とあまり，第7時はわり進む筆算で，第8時は概数で商を表す学習です。第9時は小数倍を学習します。授業モデルはモデルAが基本ですが，第2時や第6時では前時までの学習を活かして，グループで思考することができそうなので，モデルBとします。第9時の小数倍は問題1がア整数倍，イ1を超える小数倍，ウ1を超えない小数倍と変化するので，モデルCとします。

4年 「小数÷整数」の単元指導計画

時	目標	学習活動	モデル
1	小数÷整数の計算の仕方を考え，その計算の仕方を説明する。	・既習事項を踏まえ，小数÷整数の式を立てる。 ・小数÷整数の計算の仕方を，$\frac{1}{10}$の何個分で考えたり，被除数を10倍した式をもとにして考えたりする。	A
2	整数÷整数で商が小数になる場合や$\frac{1}{100}$の位までの小数÷整数の計算の仕方を考え，計算の仕方を説明する。	整数÷整数の計算の仕方を，前時の学習をもとに，$\frac{1}{10}$の何個分で考えたり，被除数を10倍した式をもとにして考えたりする。	B
3	小数÷1位数の筆算の仕方を整数のわり算の筆算の仕方をもとに考え，理解する。	小数÷1位数の筆算の仕方を整数の時と同じようにして考える。	A
4	小数÷1位数で，商が純小数や商に空位の0がある場合の筆算の仕方を考え，計算する。	小数÷1位数で，商が純小数になる場合の筆算の仕方を考える。 小数÷1位数で，商に空位の0がある場合の筆算の仕方を考える。	A
5	小数÷2位数の筆算の仕方を考え，計算する。	小数÷2位数の筆算の仕方を考える。	A
6	小数÷整数で，商を一の位まで求めて，あまりのある場合の計算を考える。	あまりのある小数÷整数の計算をして，あまりの大きさについて考える。	B
7	（整数，小数）÷（1，2位数）で，わり進む場合の筆算の仕方を理解する。	わり進む場合の筆算の仕方を理解する。	A
8	整数，小数÷1，2位数で，商を適当な位までの概数で表す筆算の仕方を理解する。	商を概数で表す筆算の仕方を理解する。	A
9	小数でも何倍かを表すことができることを理解する。	商が小数になる整数÷整数の計算をして，倍関係を小数で表せることを理解する。	C
10	練習		―

2 学力向上につながる授業展開例

前節で述べた「35+10」分の授業展開のモデルA，モデルB，モデルCについて，実践された授業をもとに，授業のねらいに応じた授業展開例と授業づくりの工夫を述べます。

❶新しい知識・技能の習得とその習熟を目指す授業

4年　「小数÷整数」筆算（第3時）

筆算指導は算数授業の中で占める割合が大きいです。しばしば「筆算の仕方を考えましょう」という問いで子どもが筆算の仕方を考え，いろいろな工夫をして発表し合いますが，発表で終わり，筆算の仕方を指導して，チャイムが鳴ってしまいます。習熟までできない授業が多いです。45分間でしっかり筆算の仕方を学び，習熟の練習まで行う授業のつくり方を紹介します。

①授業展開　モデルA

新しい筆算の仕方をみんなで学び，筆算の必要性に気づかせた後に，筆算の仕方を教えて，学んだ筆算をグループで練習して，最後に個人でたしかめる練習に取り組み，学びを振り返る展開です。

授業展開	ポイント
1．復習（2分） 2．問題1をみんなで考える 　　　　　　　　　　（3分） 「7.2÷3の筆算の仕方を考えましょう。」 3．課題をつくる（2分）	・前時の学習をつないで説明し合う。 ・7.2÷3の計算の仕方を説明させて，暗算による難しさに気づかせる。

〈小数のわり算の筆算ができるようになろう。〉 4．筆算の指導（10分） 5．まとめる（3分） 6．問題2をグループで考える 　　　　　　　　　　　（5分） 「37.5÷5を筆算でしてみましょう。」 7．話し合う（10分） 8．練習（8分） 　教科書の問題3，4，5 9．振り返る（2分）	・筆算の手続きを指導する。 ・筆算の指導後に，計算の仕方との関連性を考えさせる。 ・ノートに筆算の仕方のポイントを写させる。 ・班ごとに1枚のホワイトボードにまとめさせる。 ・全ての班のホワイトボードを出して，手続きや表現の仕方を確認し合う。 ・ノートに筆算をさせ，机間指導でチェックする。 ・「次に…する」の視点でノートに振り返りを書かせる。

②授業づくりの工夫

＊1　筆算の必要性に気づかせる コツ3 ＊

　7.2÷3を板書して，この計算の仕方を説明する活動を通して，暗算で処理しにくいことに気づかせてから，「小数のわり算の筆算ができるようになろう。」を板書します。

＊本書 pp.16－25のコツ1～コツ10に対応しています。

＊2　筆算の指導の手順は教師が教えてから，筆算を見て計算の仕方との関連付けをはかる **コツ5**

以下の手順で授業を展開します。

> 1　問題1で，教師が筆算の手順を見せて，2つのポイントを指導する。
>   ・整数のわり算と同じように計算する。
>   ・わられる数の小数点にそろえて商の小数点をおろす。
> 2　教師といっしょに子どもがノートに筆算の手順を唱えながらかく。
> 3　筆算を見て，気づいたことを伝え合う。
>   例えば，「かけ算の時は，小数点を一番下に付けていたけど，わり算の時は，小数点を一番上に付ける。」などが出る。
> 4　2つのポイントをノートに写させる。これがまとめになる。教える授業ではまとめも教える。
> 5　グループで問題2を筆算する。
> 6　個人で教科書の練習を筆算する。

＊3　新しい内容（筆算の仕方）を学んでから，仲間といっしょに試す問題2をグループ解決する **コツ4**

　グループ学習を行うのは，まだ問題1では理解が十分でない子どももいるからです。また簡単な問題でグループ学習する利点は，協働学習の経験を積むことができることです。

＊4　練習問題の取り組みの中で，必要な指導を行う **コツ8**

　練習問題の解決の様子を○つけしながら見取り，代表的な間違いを見つけた場合には一度個人学習を止めさせて，全員に「…には注意すること」を話すとよいです。例えば，練習③では，28cmとする小数点付け忘れミスがあり，次のような言葉かけがなされました。「ふつうは変と思わないとダメ。22cmを8等分して28cmおかしい。小数点はいつ打つ？　$\frac{1}{10}$の商を立てる時打つくせついた？　小数点をすぐ打つよ。」

❷思考させてから新しい知識・技能を教えて習熟をはかる授業

4年 「小数÷整数」商とあまり（第6時）

　思考力を育てることをねらう授業づくりを考えます。第6時までの学習を活かして，自分たちで筆算を考えるので，その後に指導される筆算のやり方の理解が確実になります。

①授業展開　モデルB

　前時までに筆算の仕方を学んでいることを踏まえて，本時はあまりのあるわり算の筆算を学習します。既習知識を活かして，あまりのあるわり算の筆算の仕方を考えるグループ学習をまず行い，その後に教師が正しい手順を指導し，まとめをしてから練習をするという授業展開です。

授業展開	ポイント
1．復習（2分） 2．問題1を把握し課題をつかむ（5分） 「13.6mのテープがあります。このテープから3mのテープは何本とれて，何mあまりますか。」 ・式　13.6÷3 〈あまりのあるわり算の筆算を考えよう。〉 3．問題1をグループで考える（7分） 4．話し合う（13分）	・前時の復習を伝え合う。 ・問題を見せて気づきを言わせる。 ・結果の見通しを問う。 ・各班にホワイトボードを渡し，考えをまとめさせる。 ・全てのホワイトボードを出して眺めさせてからフリートークさせる。その後に，意図的にいくつかの班

5．筆算指導（5分）	に説明させて話し合わせる。 ・班発表では結論は出さないで，筆算指導で手続きを指導する。
6．まとめ（3分） ・わられる数の小数点をそろえておろす。	・相談させてまとめを作らせる。
7．練習・振り返り（10分） 教科書の練習2，3	・ノートに練習問題を解かせ，振り返りを書かせる。

②授業づくりの工夫

＊1　導入時に復習で子どもに主体的に前時を振り返らせる コツ1

　子どもがノートを見ながら前時の大切なことや自分の失敗，よいアイデアを自発的に発言することを指導します。子どもの発言を聴いてつなぐことで聴き合い学び合うことが復習場面でも実現できます。

＊2　計算結果の見通しをもたせる コツ3

　13.6÷3の式が立てられたら，すぐに「筆算の仕方を考えましょう。」とせずに，「だいたい何本とれそう？」と答えの見当づけをさせることが大切です。もし13mだとしても4本しかとれない。もし14mだとしても4本とあまりが2mであるという結果の見通しはあまりの処理の誤りを防ぎます。

＊3　あまりのある場合の筆算の仕方は，まず既習知識をもとにグループ学習で子どもに考えさせた後に，筆算手続きを教える コツ4

　まず子どもにグループ学習であまりのある場合の筆算を考えさせることはできます。グループ学習後に話し合いを行った後に，教師から筆算手順を教えればよいです。このことで筆算の仕方の理解が確かなものになります。

❸学び合いを取り入れて学力を確実につける授業

3年 円（第2時）

　学び合いの授業は特別な授業ではなく，毎日の授業の中でできるものです。基礎的知識技能も同時に育てることを目指します。ここで紹介する授業は，円の学習の第2時です。

①授業展開　モデルC

　1時間の授業の中に学習内容がたくさん含まれている授業です。テンポよく進めて，作業して考えさせるところと教えるところを見極めることが大切です。

授業展開	ポイント
1．直径の意味を教える〈直径のひみつを見つけよう。〉2．問題1を全体で考える（13分）「直径と半径の長さの関係を見つけましょう。」　ひみつ1　直径は半径の2倍です。3．問題2を考える（13分）・「直径6cmの円をかく時，コンパスを何cmに開けばいいですか。」・「直径6cmの円の直径と直径でない2本の直線の長さを比べましょう。」　ひみつ2　直径は円の中にひいた直線の中で一番長い。4．問題3を考える（13分）	・円を黒板にかいて，中心，半径を確認する。・黒板にかかれた円を使い，相談させながら進める。・理由をひみつ1を使って論理的に説明させる。・直径がひかれた円がかかれたプリントに2本直線をひかせて調べさせる。観察させて気づきを伝え合う。

「コンパスや定規をつかわないで円のおりがみの直径を見つけましょう。」 　ひみつ3　円をぴったり重ねておったおり目が直径です。 5．まとめる（4分） 6．振り返る（2分）	・円のおりがみを配付し，気づきを言わせる。 ・ワークシートにひみつ1，2，3をまとめさせて，練習問題を解かせる。

②授業づくりの工夫

＊1　既習事項を確かめる復習を導入場面で行う **コツ1**

　図形学習に限らず，前時に学習したことを全員が理解して覚えているわけではありません。スパイラルに繰り返し指導することが有効です。教師が直径の意味を教えるために，黒板にかいた円を使い，既習事項である中心，半径を確認し，半径を書き入れることで，問題1の考える手がかりとします。

＊2　問題2では，まず直径6cmの円をかく時に，コンパスを何cmに開いたらよいかの問いを考えさせてから，円の中に直線をひかせて，直径が一番長いことに気づかせる **コツ5**

　直径が一番長い直線であることに気づかせる問題2は，直径6cmの円をかかせる問題になっていますが，まず，設問1でコンパスを何cmに開けばよいかを問います。全員で3cmに開けばよいことを確認してから，直径と直径でない2本の直線の長さを比べる活動に入ります。

　半径3cmでよい理由を説明するには，問題1でまとめた「ひみつ1　直径は半径の2倍です。」を使います。筋道立てて説明する力をつける機会になります。

＊3　授業のまとめでは，練習問題に取り組ませる。その際，問題の与え方を工夫して，記述することに慣れるようにする **コツ8・コツ9**

　空所補充形式だけでなく，練習問題(2)では理由を記述させる形式にできます。

　また，振り返りではキーワードを指定して，書かせるようにします。

〈直けいのひみつを見つけよう〉

3年（　　　　　　　　）

●まとめよう

ひみつ1	直けいは半けいの（　　）倍です。
	半けいは直けいの（　　　）です。
ひみつ2	直けいは円の中にひいた直線のうち，一番（　　　　）。
ひみつ3	円をぴったりかさねたときのおり目は（　　　）です。

●練習問題

(1)　半けい2cmの円の直けいは □cmです。

　　わけは，直けいは半けいの ＿＿＿＿ だからです。

(2)　直けい10cmの円の半けいは □cmです。

　　わけは，＿＿＿＿＿＿＿＿＿＿＿＿＿＿＿＿＿＿
　　＿＿＿＿＿＿＿＿＿＿＿＿＿＿＿＿＿＿＿＿＿＿

●「直けい」という言葉をつかって，ふりかえりを書きましょう。

＿＿＿＿＿＿＿＿＿＿＿＿＿＿＿＿＿＿＿＿＿＿＿＿＿＿
＿＿＿＿＿＿＿＿＿＿＿＿＿＿＿＿＿＿＿＿＿＿＿＿＿＿
＿＿＿＿＿＿＿＿＿＿＿＿＿＿＿＿＿＿＿＿＿＿＿＿＿＿

授業で使用したワークシート

❹図のかき方を教えてから,式を考え,学び合う授業

3年 線分図をかいて逆思考文章題を解く(第1時,第2時)

　加減2段階逆思考文章題を,線分図をかいて,図を見て式を考えて解決する授業です。「かくれた数はいくつ(1)」は2時間単元です。線分図のかき方の指導がポイントです。

①授業展開(第1時)　モデルA

　線分図は3年ではじめて学習します。第1時は,問題1の把握後に線分図の指導を入れてから,個人で式を考えさせて話し合いを進めます。問題2では新しい線分図をグループでかいてから,個人で式を考えさせて話し合わせます。線分図をかく活動や,学び合いの仕方の指導も行いながら授業を展開できます。

授業展開	ポイント
1．問題把握(5分) 「広場に,はとがいました。そのうち,5わとんでいきました。また,8わとんでいったので,のこりは17わになりました。はじめ,はとは何わいましたか。」	・挿絵を見せて,教師が問題を読み聞かせる。
2．問題1の線分図のかき方の指導　　　　　　　　　(5分)	・本時は減少場面。まず線分図のかき方の指導を教師が行う。
3．問題1の式を考える(2分)	・かいた線分図を見て,式をつくる(個人)。
4．式の話し合い(12分)	・全体がわからないから部分をたして求めることを理解する。

5．問題2のグループ学習（7分） 「おばあさんがみかんをおくってくれました。きのう6こ食べました。今日4こ食べたので，のこりが30こになりました。はじめみかんは何こありましたか。」 6．式を考え，話し合う（9分） 7．まとめ・振り返り（5分）	・問題1での学びを活かして，協力して線分図をホワイトボードにかく。 ・グループの線分図を見合い，話し合う。 ・ワークシートに問題1の線分図をかいてから式を考えさせる。 ・まとめを作って発表する。最後に本時の学びを振り返る。

②授業づくりの工夫

＊1　足場をそろえて，全員が問題解決できるように工夫する **コツ6**

　問題把握の後に，線分図を全体指導で行い，個人でも線分図をかいた後に，その線分図を見て式を作らせます。これは共通の線分図を子どもがかくまでそろえるということです。もし，線分図を自由にかかせていたら，まちまちの線分図になり，間違いも含めて扱い方が難しくなります。

　線分図の書き方の指導は以下の手順で行います。

> 1　問題1で線分図のかき方を教えます。
> 　「線分図をかいてみせる」「線分図をいっしょにかく」の手順で指導します。
> 　ワークシートの工夫として，途中までの線分をかいておき，それに区切りを入れて，完成できるようにすると誰でも取り組めるようになります。
> 2　一人一人が正しい線分図をかいて，その図を見て式を考えます。
> 　問題1の線分図指導の後に，式を作り，理由を考える個人学習を位置づけます。相談も入れて，全員が式を作って発表できるようにします。

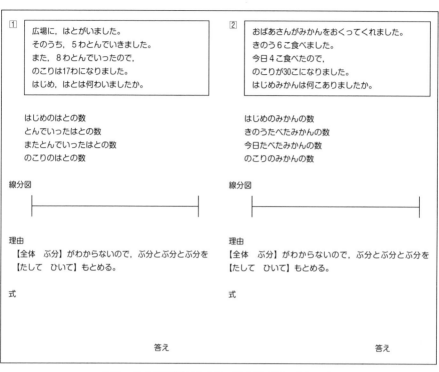

3年　かくれた数はいくつ　第1時のワークシート

＊２　問題２のグループ学習は線分図をかかせるだけにして，グループ解決後に，ワークシートに線分図をかいて式を考えさせる **コツ4**

　線分図の指導第１時なので，問題２でもグループで線分図をかかせます。その後に，再度，個人でワークシートに線分図をかいてから式を考えるというように，丁寧な学習過程を踏みます。線分図をかくことについては個人で整理する意味合いが強いです。新しいことは線分図を見て式を考えることです。

＊３　部分―全体の関係の指導を行う **コツ5**

　２年では加減の意味を部分と部分で全体を求める時にたし算，全体と部分

から部分を求めるのがひき算であることを学んでいます。しかし3年のこの単元第1時，第2時を通して，部分―全体の関係の理解の指導は必要です。本時は全体がわからないためにたし算を使って求めることを理解させます。

部分―全体の関係で演算決定の理由を説明できるように説明の型が学べて部分―全体を意識できるようにワークシートを工夫します。

③授業展開（第2時）　モデルＡ

第2時の問題の意味タイプは増加で，前時の意味タイプ減少とは異なるので，第2時でも線分図のかき方の指導が必要になります。問題1の把握後に線分図の指導を入れてから，個人で式を考えさせて話し合いを進めます。問題2で新しい線分図を子どもがかいて解けるようにグループ学習をさせてから，学習の整理とまとめ・振り返りを行います。

授業展開	ポイント
1．問題把握（5分） 「あめとガムを買いに行きました。あめは30円，ガムは40円でした。ラムネもほしくなって買ったら，全部で90円になりました。ラムネは何円でしたか。」	・挿絵を見せて，教師が問題（条件文のみ）を読み聞かせる。問題条件からどんな問題ができるかを問い，みんなで問いを作る。
2．問題1の線分図のかき方の指導（5分）	・本時は増加場面で，前時の減少場面の問題とは異なるため，本時もまず線分図のかき方の指導を教師が行う。
3．問題1の式を考える（2分）	・かいた線分図を見て，式を作る（個人）。
4．式の話し合い（13分）	・いろいろな式を取り上げて，まと

5．問題2のグループ学習（7分） 「公園で，男の子13人と女の子8人が遊んでいました。そこへ，友達が何人か来たので，全部で28人になりました。友達は何人来ましたか。」 6．問題2の解法を話し合う 　　　　　　　　　　　　（8分） 7．問題2の整理とまとめ・振り返り（5分）	めて考える方法と順に考える方法を理解する。 ・問題1での学びを活かして，協力して線分図，式，答えをホワイトボードにかく。 ・グループの解法を見合い，話し合う。 ・個人でノートに整理し，まとめを作って発表する。最後に前時と本時の比較をして，本時の学びを振り返る。

④授業づくりの工夫

＊1　問題の意味タイプが異なる場合，線分図のかき方指導を行う **コツ6**

　減少場面と増加場面では線分図のかき方が異なるので，子どもに線分図をツールとして習得させるために，3段階の図のかき方指導を行います。

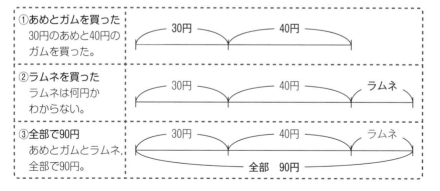

＊2　問題2の解き直しを一人一人がワークシートに整理して，定着させる
　　　　　　　　　　　　　　　　　　　　　　　　　　　コツ6

　個人ワークを問題3ではなく，グループ学習で取り組んだ問題2の話し合いの後に仕組み，再度自分で問題2の線分図，式，答えをワークシートにかかせるようにします。これは学習を主体的なものにする1つの方法です。自分たちのホワイトボードにかいた式よりもよい式があれば，それをノートにかくことができます。学習済みの問題ですから思考の負荷が増えずに，論理を追いかけて，確実に自分のものにするために問題2と向き合い，振り返りながら整理し自分の学びを自覚化できます。

＊3　前時と本時のちがいを比べる活動を仕組む **コツ9**

　前時は全体がわからなくてたし算を使って求める問題を扱い，本時は部分がわからないためにひき算を使って求める問題を扱いました。本時だけを振り返るのではなく，第1時第2時を通して，最後に振り返ることが必要です。

❺習得と活用の両方をねらう授業

6年　並べ方（第1時）

　習得と活用のどちらかをねらう授業は多いですが，授業展開の仕方によっては，この2つを同時にねらう授業づくりもできます。6年「順列」の第1時を紹介します。

①授業展開　モデルB

　教科書の問題をもとに，樹形図を新しい方法として教えて使えるようにした後，この樹形図を用いて発展的問題に取り組ませる展開です。
　問題1をグループ解決させて，グループ解決の結果を全体で話し合い，それをもとに樹形図の指導を行います。適用題を個人で考え，全体で確かめた

後，個人で発展問題に取り組ませます。

授業展開モデル	ポイント
1．問題1をつかみ，課題をつくる（5分） 「あきらさん，かつやさん，さとしさんの3人でリレーのチームをつくります。3人の走る順番を全部かきましょう。」 ・あきらを㋐と記号化することの指導 〈並べ方を調べるには…？〉	・挿絵を貼り，一文を提示して算数の問題を予想させる。 ・記号化して名前を表すことを教える。
2．問題1をグループで考える（5分）	・グループで1枚のホワイトボードに解法をまとめさせる。
3．グループの考えを発表し，話し合う（12分）	
4．樹形図を指導する（5分）	・グループの解法と関連付けて樹形図を教える。
5．問題2を個人で考える（3分） 「1，2，3の3枚のカードで3ケタの整数を何通り作れますか。」	・グループ隊形で相談もできるようにする。
6．まとめる（3分） 「並べ方は樹形図を使って順序よく調べるとよい。」	・めあての…とつなげて考えさせる。
7．問題3（発展）を個人で考える（5分） 「1，2，3，4の4枚のカードで4ケタの整数を何通り作れますか。」 ・解法を話し合う。	・問題2に4を加えて発展的に問題を作ることを指導する。 ・解法の話し合いではつなげてよりよくさせる。
8．問題4をみんなで考える（4分）	・相談をさせながら，全体

「『さくら，しおり，すみれ，せりなの4人が長椅子に座ります。4人の座り方は何通りありますか。』この問題をどう見たら問題3と同じに見られますか？」 ・問題3をどう見たら同じに見られる？ 9．振り返る（3分）	学習で進める。

②授業づくりの工夫

*1 基本問題で方法を学ばせて，その適用題さらに発展問題に取り組ませる

　基本問題とその適用題はそれぞれ教科書の問題1・2を使います。その後の発展問題は適用題（問題2）と同じ文脈の発展問題にします。3つの順列から4つの順列に条件が変えてあり，ちがいが焦点化し，解くことができると自ら自覚することができます。

*2 最後の発展問題4は問題を解いて答えを導くタイプではなく，見方を問う問題である **コツ8**

　問題4は場面が異なるだけで，本質は問題3と同じです。どんな見方をすれば，問題3と同じように見られるかを考えることは，本質を見抜く力の育成に必要です。

*3 樹形図の理解を確かなものにするために，習得と活用を同時に行う

コツ6

　簡単な問題で一度手続きを教えてから，その手続きを難しい問題に適用する中で悩ませ，その手続きの意味をはっきり理解できるようになります。問題1，2の樹形図では樹形図の特徴がつかみづらいからです。

Part4 実例から見る！
学び合い×学力向上の授業づくりのコツ

1 4年 小数÷整数（第1時）「35＋10」分の展開モデルA

　小数÷整数の計算の仕方を考え，その計算の仕方を説明することができることをねらった第1時の授業です。授業展開はモデルAで作られています。全員が考え，わかり，できるための手立てを用意します。また聴き方・話し方・学び合いの仕方を授業の中で指導します。

❶授業プラン

①ねらい

　小数÷整数の計算の仕方を考え，その計算の仕方を説明する。

②授業展開　モデルA

　新しく小数÷整数を学習する時間なので，テンポよく，既習の確認後に問題1を全体学習で進め，その学びを問題2はグループで試し，まとめてから最後に個人で習熟のための練習をする授業です。

授業展開	ポイント
1．みんなで既習の確認（5分） 「6mのリボンを同じ長さに切って3人で分けます。1人分の長さは何mになりますか。」	・読み聞かせによる問題把握 ・テープ図数直線，関係図をもとに式を作り，答えを求める。

6÷3＝2　2m 全体の長さ÷人数＝1人分の長さ 2．問題1の課題把握（3分） 「0.6mのリボンを同じ長さに切って3人で分けます。1人分の長さは何mになりますか。」 3．みんなで考える（12分） 「0.6÷3の計算の仕方を考えましょう。」 　・0.1をもとにする考え 　・計算のきまりによる考え 「ワークシートに問題1の解法を整理しましょう。」 4．問題2のグループ学習（5分） 「1.5÷3の計算をしましょう。」 　・計算のきまりによる考え 5．みんなで話し合う（10分） 6．まとめる（3分） 　・小数÷整数は，かけ算と同じように10倍してその商を10でわる。 7．練習と振り返り（7分） 問題3　①0.4÷2　②0.5÷5 　　　　③0.8÷4　④0.9÷3 問題4　①2.4÷6　②3.5÷7 　　　　③4.5÷5　④5.6÷8	・言葉の式を教える。 ・導入問題の数をどんな数に変えて4年生問題にするかを問いながら提示する。 ・単位の考えによる説明について，テープ図数直線を見せてから計算の仕方の穴埋め説明文を提示する。 ・計算のきまりによる説明について，図を見せて考えさせる。 ・計算のきまりを使って説明を考えるように指示する。 ・各班のホワイトボードを出して，話し合う。 ・自分たちでまとめを作る指導をする。 ・練習問題を個人で取り組ませてから，振り返りを書かせる。

③授業づくりの工夫

*1　導入問題1で，読み聞かせによる問題把握の指導を行う

挿絵を見せて，読み聞かせによる問題把握を行います。読み聞かせによる問題把握に子どもが慣れるまでは，2回読んでもよいです。相談させて，子どもどうしにお話の内容を確認させる間をとると多くの子どもが挙手するようになります。発言をつなげることを促して，付け加えることを指導しながら，わかっていることや問いを言わせて，問題文の情報を板書するか短冊を貼るようにします。

*2　解釈問題を用いて全員が計算の仕方を思考できるようにする **コツ2**

問題1をみんなで考える場面で，単位の考えによる方法について気づかせるために，まず，テープ図数直線を見せて少し考えさせてから，計算の仕方の穴埋め説明文を提示します。穴埋め説明文は読み取り問題の一種で，読みながら考える機会になります。計算のきまりによる方法も計算の仕方を説明する図を与えて読み取らせます。

これらの工夫で考えるための手がかりを与えるので全員が安心して考えることができます。

・単位の考えによる方法

0.6は，0.1の ◯ こ分です。
0.6÷3は，0.1の（◯÷◯）こ分です。
だから，0.6÷3＝◯です。

・計算のきまりによる方法

0.6	÷	3	=	□
↓×□		↓×□	↑÷□	
6	÷	3	=	2

＊3　全体学習で取り組んだ問題1の学びをワークシートで整理する時間をとる **コツ6**

　問題1の全体学習後に2つの説明の仕方を再確認できるように，黒板で提示した解釈問題が印刷されたワークシートを配付し，書き込む個人作業を短時間入れます。

＊4　問題2はグループ学習で行う **コツ4**

　問題1で新しいことを学んだ後に，問題2を個人に任せても難しいです。そこで，問題1で学んだことを活かして，グループ解決させることで，仲間と解法を考え，まとめる活動を経験させることができます。グループで取り組むことは多くの子どもが安心して学べる学習展開になります。

＊5　取り組む方針を指示してからグループ学習を始める **コツ5**

　初めてグループ学習を導入する時には，共通の見通しで全グループに取り組ませると，全部のホワイトボードを見合う時に，比較検討がしやすく，どのグループの表現がよりよいかなど工夫が見えやすいです。

❷授業記録から学ぶ教師の働きかけ・言葉かけ

　以下の授業記録の右欄には，★☆□※の4つの印があります。★は教師の働きかけ・言葉かけ，☆は学び合いの仕方の指導，□は考える手がかりや基礎基本の定着の手立て，※は指導上の留意点の意味です。

①足場づくり

　足場づくりでは，3年「整数÷整数」の問題を用いて，テープ図数直線，関係図を使って立式し，言葉の式を導きます。

T　今日の問題を言うから頭に絵をかいて聴いてください。 「6mのリボンを同じ長さに切って3人で分けます。1人分の長さは何mになりますか。」 (3分の1挙手) 　　T　素晴らしい。 　　　　どんな問題だった？ 　　　　10秒相談。 　C1　6mのリボンを同じ長さに切って3人に分けます。 　　T　つなげられるよ。 　C2　1人分の長さは何mですか。 板書　6mのリボン 　　　3人で分ける 　　T　おたずねは？ 　C　1人分の長さは何mですか。 板書　1人分の長さは？ 　　T　式を言います。 (3分の1挙手) 　　T　ヒントコーナーです。こういう図ですよ。 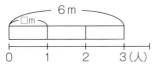 　　T　式まだわからない？　これは関係図です。 　　　　1人分の長さは，こちらです。 　　　　　　　　　3倍 　　　　│1人分の長さ│ → │全体の長さ│ 　　　　　　　□m　　　　　　　6m	＊問題文を見せずに読み聞かせる。 ★ほめる：聴けたことをほめる。 ★相談させる：全員参加のために。 ★促す：付け加えを促す。 ☆自分たちから式を言うことの指導 □考える手がかり：テープ図数直線を見せる。 ＊関係図を見せて演算決定させる。

T	だんだん手が挙がってきました。うれしいです。	＊アイメッセージで認める言葉かけを行う。
C3	6÷3	
T	なぜならを言う人はいませんか。	★促す：理由を言うことを促す。
C4	6mのリボンを3人で同じ長さに分けるから	
T	分けるから。1人分を求めるから。こうする時，かけるの反対は？	＊関係図の逆演算操作を示す。
C	わる	
T	6÷3＝2　3年生問題でした。これを言葉の式にします。6は何？	
C	リボン	
C	全体の長さ	
T	全体の長さわる	
C	1人分の長さ	
T	1人分の長さですか？	
C	人数	
板書	全体の長さ ÷ 人数 ＝ 1人分の長さ	
T	言葉の式に表せました。4年生問題にします。どうすると思う？	
(間)		★待つ：次の問題を考える間をとる。
C	小数のわり算	
T	素晴らしい！	★ほめる：反応をほめる。

＊「相談させる」「促す」は，つなぐ力をつけるための教師の働きかけの基本

　読み聞かせによる問題提示では，子どもがつないで問題情報を伝え合い，

聴き合うことで問題が把握されていきます。しかし，問題の読み聞かせに子どもがまだ慣れていません。そこで相談させて，「（Ｃ１に）つなげられるよ。」とつなぐことを促すことで，Ｃ２がおたずねを付け加えています。

＊自分たちで授業をつくることを指導する
　おたずねが明確になった後に，問われなくても自分たちから「式を言います。」と教師から式を自ら言ってよいことを指導しています。ここで注目したいのは教師の発言が「式はどうなりますか？」ではない点です。

＊「ほめる」は，子どもの背中を後押しするパワーになる
　子どもの行動や発言を「ほめる」ことがポイントです。式を作る場面では，考える手がかりが提示されると，子どもの挙手が次第に増えてきています。これを教師が，「どんどん手が挙がってきました。うれしいです。」と肯定的に受け止めています。また既習の足場の問題「６÷３」を４年生問題に変える場面で，子どもから「小数のわり算」という発言が出るとすかさず，「素晴らしい！」とその提案をほめています。

＊答えだけでなく，理由を説明することが大事であることを教える
　式の理由を付け加えることを「促す」ことも大切な働きかけです。その結果，わり算である理由をＣ４が等分除の意味で述べています。

②問題１の理解と課題提示

　本時問題を既習問題から作り，その立式をして，課題を作る場面です。
　式を作る場面で，テープ図数直線（考える手がかり）を提示すること，相談させることで子どもが安心して式を考えることに取り組めます。

| Ｔ　４年生問題です。小数にしたらいいんだね。|

	どこを変えるかなって。こんな問題でした。（6を0.6に変える）ここを変えます。4年生問題になった？	※整数を小数に変えることを見せながら問題提示

「0.6mのリボンを同じ長さに切って3人で分けます。1人分の長さは何mになりますか。」

C　はい。
T　おたずねです。1人分の長さを知りたい。
　　何を言ったらいい？　　　　　　　　　　　　☆自分たちで進める指導
C　式
T　式を言います。
C　式を言います。
T　自分たちで進めるよ。
　　お助けマン，テープ図数直線を見て，式見　　□考える手がかり：テープ図数直線提示
　　えてきませんか？

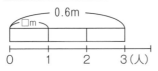

　　相談しているのはいいよ。素晴らしい。　　　★ほめる：自発的相談
（間）　　　　　　　　　　　　　　　　　　　　★待つ：相談を見守る。
C5　0.6÷3です。
板書　0.6÷3
T　関係図，どこが変わった？
　　ここ（0.6m）が変わっただけだね。

　　　　　　　　　3倍
　　　┌─────────┐　　　┌─────────┐
　　　│1人分の長さ│ ⇒ │全体の長さ│
　　　└─────────┘　　　└─────────┘
　　　　　□m　　　　　　　　0.6m

　　では，今日の課題，見えてきますか？　　　　☆子どもといっしょに
C　小数÷整数の計算をしよう。　　　　　　　　　めあてを作る。

| C 小数÷整数の計算の仕方を考えよう。
| 板書 小数÷整数の計算の仕方を考えよう。

＊考える手がかりを与えて，全員が演算決定できるようにする

　本時は，導入第1時であり，小数÷整数の演算決定をすることが求められています。÷整数は子どもには容易ですが，既習知識が定着していないことが予想できる場合には，場面理解を確実にして，演算決定できるようにテープ図数直線，関係図を提示して式を考えさせるとよいでしょう。

＊自発的相談で，みんなが安心して答えられる

　テープ図数直線を提示すると，子どもの相談が始まっています。ここで教師がしばらく相談している姿をほめて，待っています。これは自発的相談を保障するとともに，強化するのに役立つものです。もし，相談が始まらないようであれば「相談していいよ。」と働きかけて，自発的相談をしてよいことを教えます。そうすれば子どもは自分たちから自然に相談を始めるようになります。

③問題1をみんなで考える

　0.6÷3の計算の仕方を考える場面です。考える手がかりを与えて，単位の考えによる方法と計算のきまりによる方法の2つをみんなで考えて学びます。
　問題1を全体学習でテンポよく進めるために，以下の手順で展開することができます。

1　見通しに関するつぶやきを拾って，伝えることを促して全体に返し，子どもの考えを広げます。またその考えのよさをほめて，指導すれば考え方の指導もできます。
2　間をとり待って，少し考えさせてから，考える手がかりとなるヒン

トを提示して，これを使って全体で解決させます。
3　それが解決したらペアで解法の説明し合いをさせて，理解をたしかなものにします。さらに一斉で唱えることも大切です。
4　ワークシートに２つの計算の仕方の説明を書かせるとよいです。

これが問題２の学習の準備になります。

T　かけたら「次は何かな」を先に考えて。かけない人は「待って」と言うよ。	☆次を考える指導 ☆待ってを言う指導
C　待ってください。	
T　式は0.6÷3でしたね。今から0.6÷3の計算の仕方を考えます。まず，この問題でやってみましょう。	
「0.6÷3の計算の仕方を考え説明しよう。」	
T　さあ，どうでしょう。考え浮かびそう？	
C　うん。	
C６　かけ算とほぼいっしょ。	
T　今，何て言ったの？　もう一度。	★拾う：C６のつぶやきを拾い，繰り返すよう促す。
C６　かけ算とほぼいっしょ。	
T　どうですか。	
C　うん。うん。	
T　素晴らしい。なぜなら，算数は習ったことを使うし，使えそうなことを見つけたよね。わり算だけど，かけ算がなんか使えそうだ。方法として。だったらすぐできそうだ。（ひなたのテープ図を見せる）	★ほめる：既習と関連付けた見通しをほめるとともに類推の考えの指導となる。 □考える手がかり：0.1が見えるテープ図を与える(単位の考え)

0.6m
□m
0　1　2　3(人)

T　少し変わらなかった？	
C　ちょっとだけ，変わった。	
T　さあ，ひなたはどう考えたのでしょう？　なんとなくわかったよ。	
C7　<u>0.1のいくつ分</u>	
C　なんとなくわかった。	
T　<u>いいこと聞こえたよ。C7さん，何て言った？</u>	★拾う：C7の「0.1のいくつ分」を拾う
C　0.1の…	
C　あー。	
C　わかった。	
T　何か言えそう？　<u>ヒント出すよ。全員わかって欲しいから。</u>	□考える手がかり：時間差で説明文の穴埋め問題提示

```
0.6は，0.1の□こ分です。
0.6÷3は，0.1の（□÷□）こ分です。
だから，0.6÷3＝□です。
```

T　これすぐできそうだよという人は？　たくさん手を挙がってきてうれしいよ。　□に入るの言える人（ほとんど挙手）	
C8　0.6は0.1の6個分です。　0.6÷3は，0.1の（6÷3）個分です。　だから，0.6÷3＝	
T　<u>全員で</u>	※最後の□はみんなで答えさせる声かけ
C　0.2	
T　<u>お隣さんと伝え合って。</u>	□確かな理解のためペアトーク
（ペアトーク　30秒）	
T　これは，0.1をもとにする方式。次はこれ以外の方法です。<u>（だいちの考えを提示）</u>	□考える手がかり：計

	だいちはどんな考え方をしたでしょう？	算のきまり

だいちの考え

```
0.6  ÷  3  =  □
↓×□          ↓×□   ↑÷□
6    ÷  3  =  2
```

T　10秒考えて　　　　　　　　　　　　　★待つ：考える間をとる。
（間）
T　手が挙がらなかったら，きいていいよ。　★相談させる。
（相談）
C9　0.6を10倍して6，6÷3は2，商も10倍されているから，2を10で割って，答えは0.2です。
T　ここは大事にしたいので，なぜこうなるか，言葉で説明できる？　2人です。なぜ10倍するの？　30秒相談。　　★挙手が2人なので相談させる。
（相談）
T　相談したら全員手を挙げるよ。自分の言葉で何でも言っていいよ。途中まででも言います。
　　黒板を使って。前に出ます。応援するよ。　☆黒板の前で話すことの指導
C　がんばれ。
C10　0.6÷3＝0.2です。
　　0.6÷3をかけると，6÷3になる。
C　何をかける？
C10　0.6÷3の0.6を10倍した数は6です。6÷3＝2です。2を10で割ると0.2になります。それを10かけると2になります。
T　もどったね。

C11　0.6を10倍すると，6になる。6÷3＝2です。2を10で割ると答えが求められる。だから0.6÷3＝0.2	
C12　そういうことか。	
T　<u>なぜ，10倍するの？　C12さん。</u>	★促す：わかったことを話すことを促す。
C12　10倍すると簡単になる。	
C　わかりやすい。	
C　整数÷整数	
T　<u>何を言ってた？</u>	★拾う：聴き方指導
C　整数÷整数	
T　整数÷整数なら3年の計算が使えるね。ここの×10わかる？　なぜここも10倍？　わられる数を10倍したらこの商も10倍した。もどすために10で割る。 <u>言ってみましょう。</u>	＊補足説明
「わられる数を10倍して6÷3をします。その商を10倍したので，答えを求めるのに10で割ります。」	□理解確認のための復唱
T　（だいちの考えの穴埋め説明文を提示）	
0.6を□倍して6÷3の計算をすると，2になります。 その2を□でわると，答えが求められます。 だから，0.6÷3＝□です。	□考える手がかり： 　（時間差で提示する工夫）
T　ぬけているけど，商も10倍になるから10で割る。 　<u>2人の考えをワークシートにまとめます。</u> 　だいち方式を計算のきまり方式とします。	□個人作業

＊自分たちで授業を進める指導のための言葉かけ

　課題が板書され，ノートにめあてを書いた子どもに，教師から「次を考えるように」と言葉かけがなされています。教師が何も指示しないのではなく，瞬間をとらえ，子どもに学び合いの仕方を指導している典型的な例です。この言葉かけによって，0.6÷3はどんな計算をしたらよいかを一人一人が考え始めるようになります。わずかな時間ですが，すでに個人学習が始まっています。

＊つぶやきを拾い，全体に返して，考えを広げることで，みんなが考え，ペアで伝え合い，自分のものにできるようにする

　0.6÷3の計算の見通しを考えている場面で，C6のつぶやき「かけ算とほぼいっしょ」が聞こえると，このつぶやきを教師が聞き逃さずに「今，何て言ったの？」と聞き返し，C6に再度，それを話すように促しています。わり算の計算の仕方を考えている場面でも，かけ算の計算の仕方が使えるかもしれないと思う子どもが増えました。また，このつぶやきを活かして，教師も類推的な考えで計算の仕方を考えることを指導することができました。

　テープ図数直線を提示した後にも，「0.1のいくつ分」というC7のつぶやきを拾い，「いいこと聞こえたよ。」と言って，C7に「何て言った？」と聞き返して，クラス全体にこの考えを広げています。

＊計算の仕方の説明をみんなで考え，ペアで説明し合わせる

　この準備のもとで，穴埋め説明文を考える手がかりとして提示し，全員がそれを見て思考し，計算方法を説明させてから，ペアで説明し合わせて，個人で確実に理解できるように工夫しています。

＊考える間をとって，相談させ，考えを引き出し，みんなで復唱させる

　教師が2つめの方法であるだいちの考え（穴埋め説明の図）を見せて，少し間をとっています。そのうえで，挙手状況が悪いので，相談するように促

したことで，安心して子どもどうし穴埋め説明文の□に数を当てはめて算数トークをし始めました。これは全員を学習に参加させるために有効な手立てです。

　さらにわられる数をなぜ10倍するのかについて，本質的な問い返しをして相談させています。はじめは6÷3になるという事実を話すだけの子どもから次第に整数÷整数になる，簡単な計算になるといったよさに気づくようになりました。

　結局，ヒントを与えることで思考を活性化させて，全員参加する状況を生み出し，子どものつぶやきや発言をつなげて，気づかせたいことに気づかせることができています。働きかけやヒント提示により，足場ができたことが影響しています。

＊説明が足らない場合には，教師がしっかり補充指導を行う

　話し合い場面で，C10，C11の2人の説明は，わられる数を10倍して整数に直し，整数÷整数の答えを10で割って最初の小数÷整数の答えにするというものでした。C9の説明には整数÷整数の商が10倍されていることの説明がありましたが，この部分を2人はしていないので，教師がC12の説明後に，「商も10倍したからもどすために10で割る」を補足して，計算の仕方をまとめて復唱させています。

④問題2をグループ学習で考える

　問題1の全体学習後に問題2をグループ学習する場面です。グループ学習後の解法の取り上げ方には，グループの考えを一斉に出す場合と，順番にいくつかを出す場合があります（参照：石田・神田，2015）。一斉に出す場合は分類することから始めますが，順番に出す場合は子どもの自然な思考に沿うようにケースバイケースで考えます。

（問題2の提示）　1.5÷3 　T　計算のきまりを使って，グループでやります。5分です。 （グループ学習　5分） 　T　出しますか？ 　1，3，4，5，6班　　　　　　　　　2班 | 1.5 | ÷ | 3 | = | 0.5 |　　| 1.5 | ÷ | 3 | = | 4.5 | | ↓×10 | | ↓×10 | ↑÷10 |　　| ↓×10 | | | ↑÷10 | | 15 | ÷ | 3 | = | 5 |　　| 15 | × | 3 | = | 45 | 　T　学び合いの時間です。こういうものが出たらどうするの？　前に出てきていいですよ。眺めます。気づいたことある？　考え方も同じ，答えも同じ？　質問ありますか？ 　C　ある。 　C　2班が（答え）違う。 　T　2班のどこが？ 　C　10倍したところが 　C　かけ算している。 C13　10倍しているところ 　T　2班，これだけ答えが違うね。あとの班は，いっしょですか？ 　　　（2班が困っている様子）2班がわからないというから，2班以外の人，説明してください。 　　　グループ学習した後は全員手を挙げるよ。4班さん，出ておいで。 4班　（4班のみ残す）	※やり方を指示して取り組ませることで，筆算につながる方法に焦点化できる。 ☆学びやすい場所へ動くことの指導 ☆ホワイトボードを見て考えることの指導 ☆6つの班のホワイトボードを答えに応じて分類する。 ☆積極的な授業参加の指導

	1.5÷3の1.5を10倍して，15÷3にする。商は5になってそれを÷10したら0.5になる。	＊1つのホワイトボードを焦点化させる。
T	付け足す人，いないの？	＊正解を先に扱い，2班に間違いを気づかせる。
4班	答えは0.5です。	
T	2班が納得するまでするよ。なぜ4.5にしたの？	
2班	かけるにしてしまった。	
T	<u>考え方はあってるね。かけ算の勉強したので，答えだけかけるをしてしまったんだね。大丈夫だよ。</u>	★安心させる：できている部分を認める。
	<u>4人で考えたので，少しずつバトン回します。</u>	☆リレー発表の指導
5班	1.5を10倍して15÷3を計算すると5になります。10で割る。答えが求められる。1.5÷3＝0.5です。	
C14	図も説明してください。	
T	<u>いい要求です。</u>	★ほめる
5班	1.5 ÷ 3 ＝ 0.5 　↓×10　　　　　↑÷10 　15 ÷ 3 ＝ 5 1.5を×10をしたので，15÷3をして5になる。1.5を×10したので，5÷10をして0.5になります。	
T	<u>この班のいいところは言葉でかいている点です。みなさんの説明はとてもいいけれど，わられる数を10倍して整数にします。商も10倍したことになるから÷10をします。が</u>	★ほめる：表現のよさ ＊子どもの説明を補足する。

言えるといいです。 今からノートにこういうものをかいて言葉の付け足しをします。30秒 5班はひなたの説明使ったね。 初めてグループ学習したので，振り返ります。 ・みんなでしゃべって考えを出し合う，全員声を出して ・わからないことはきく。 ・よりよい考え，こうするといいよと誰かが見つけて言う。 ・全員で説明練習 グループ学習の後は全員が手を挙げることをルールにします。	□補足説明を書く：個人作業 ☆グループ学習を自己評価させる。 ☆グループ学習の約束の確認

＊グループ学習後の話し合いの進め方

> 1　6グループのホワイトボードに書かれた解答を見合い，気づきを伝え合わせます。この中で，質問や答えの異同の指摘がなされたり，2班のみ答えが異なったので，2班とそれ以外に分類したりすることができました。
> 2　正解している4班を他の班の代表として残し，あとのホワイトボードは下げて，4班に説明させます。
> 3　その説明を聞いた2班に誤りを気づかせて，修正させます。
> 4　再度，言葉による説明が書かれている5班に計算の仕方を説明させます。全部の班による説明は必要ありませんが，4班と5班の2つの班による繰り返し説明をさせることは大切です。また，この時，表現方法のよさも指導します。

＊授業の中で，学び合いの仕方の指導をする

　グループ学習後の話し合い場面では，どんなことをしたらよいかを授業の中で指導しています。「前に出ること」「ホワイトボードを見合い，気づきを伝え合うこと」「全員挙手して参加すること」「班発表ではリレー説明で全員で説明すること」などを１時間目だからこそ指導しています。これは必要に応じて第２時以降も継続すると効果的です。

⑤まとめる

　本時のめあてに対するまとめを子どもが作る場面です。子どもがまとめを考えて作ることができるようにするために，例えば，第１時では，黒板のめあてを見て，相談しながらまとめを考える時間を少しとってから何人かの子どもに発表させるのがよいです。

T　ここまでできたら何をするの？ C　まとめる。 T　大事な発見は？ C15　かけ算と同じやり方 C16　×10したら答えを求めるために÷10をする。 T　付け足す人はいる？ 板書　まとめ 　　　小数÷整数はかけ算と同じように10倍して 　　　その商を10でわる	☆自分たちでまとめを作ることに気づかせる。 ＊子どもにまとめを作らせる。 ＊子どもの言葉を活かしてまとめを板書

＊子どもがまとめを作ることをできるようにステップを踏んで指導する

　第１時のまとめの指導では，「ここまできたら何をするの？」とまとめを自覚させてから大事な発見を子どもから出させています。最初の時間である

ことを考慮して、2人の子どもに発見を言ってもらい、それを含めたまとめを板書しています。第2時以降は徐々に子どもがまとめを作る指導に移行することになります。注目すべきは、C15、C16の発見は、的を得ていることです。これは2つの問題を通して、大切な点が繰り返されたことで、子どもがそれを意識できたからではないでしょうか。

⑥練習と振り返り

授業の最後は個人で練習問題に取り組むことと振り返りを書く場面です。

T 練習するよ。 ③0.4÷2　0.5÷5　0.8÷4　0.9÷3 ④2.4÷6　3.5÷5　4.5÷5　5.6÷8 T 振り返りを書こう。 ・気づいたこと、大事なこと、自分の成長、友達のよいところ	＊練習の時間を確保して習熟をはかる。 ☆振り返りの視点を与える。

＊練習問題をする時間を5分残して、まとめを終える

　この授業は、学び合いの仕方を普段の授業の中で指導しつつ、問題1、問題2を扱い、まとめをした後、練習問題を5分間、個人学習でさせ、習熟をはかっています。早く練習問題が終えた子どもには「気づいたこと、大事なこと、自分の成長、友達のよいところ」が教師から示され、振り返りを書かせています。基礎基本の定着のためには練習問題に取り組める時間を残すことがとても大切です。振り返りを単に書きなさいと指示するだけでは振り返る力は育ちません。視点を与えて振り返りを書かせることも必要になります。

参考文献
石田淳一・神田恵子『「学び合い」を楽しみ深める！グループ学習を取り入れた算数授業』明治図書　2015年

2 4年 小数÷整数（第2時）「35+10」分の展開モデルB

モデルBの授業展開の小数÷整数の第2時の授業です。第1時から始めた学び合いの仕方の指導を継続して行うとともに，グループ学習で問題1に取り組ませます。話し合い場面でも子どもの発言がつながり始めています。

❶授業プラン

①ねらい

整数÷整数で商が小数になる場合や$\frac{1}{100}$の位までの小数÷整数の計算の仕方を考え，その計算の仕方を説明する。

②授業展開　モデルB

第1時に小数÷整数の計算の仕方を学んでいるので，第2時では既習を前提に問題1をグループ学習によって解決するように仕組み，話し合う活動を取り入れます。問題2は問題1の学びをもとに全体学習や個人学習で行い，最後に練習を個人で行います。

授業展開	ポイント
1．復習（2分）	・前時の学習を子どもがつなぎながら伝え合う。
2．問題1を把握し，課題をつくる（5分） 「2÷4の計算の仕方を考えましょう。」 〈わる数が大きい整数÷整数の計算の仕方を考えよう。〉	・文章題ではなく，式を最初から提示する。 ・式を見て，見通しの気づきを伝え合う。

3．グループ解決（5分） 4．話し合い（10分） 　　　2 ÷ 4 ＝ 0.5 　　↓×10　　　↓×10　↑÷10 　　　20 ÷ 4 ＝ 5 5．問題2を考える（13分） （1）「0.12÷4」を全体で解決する。 （2）「0.2÷5」を個人で解決し，全体で話し合う。 6．まとめる（3分） ・10倍したり，100倍したりして，整数に直せばよい。 7．練習（7分） 問題3　①3÷6　②1÷5 　　　　③4÷5　④4÷8 問題4　①0.72÷8　②0.14÷2 　　　　③0.1÷5　④0.6÷10	・各班にホワイトボードを1枚渡して，考えをまとめさせる。 ・全部のホワイトボードを黒板に貼ってから，話し合う。 ・2つの方法が出ない時は，読み取り問題を与えて考えさせる。 ・（1）は1分間まず個人学習をさせる。 ・（2）は個人学習2分間 ・まとめをグループで相談させて作らせる。 ・子どものまとめをいくつか紹介する。 ・ノートに練習問題3，4をさせて，振り返らせる。

③授業づくりの工夫

＊1　復習から入る **コツ1**

　短い時間ですが，前時の復習をする時間をとります。事前に自分たちでノートを見て，クラス全体に伝え合う指導をしています。

*2　計算問題として問題１を提示する

　教科書の問題１は文章題「２mのリボンを４人で分けます。１人分の長さは何mですか。」ですが，文章題として提示しないで，計算問題２÷４として提示します。演算決定の力をつける必要がある場合には必要ですが，４年生ですから演算決定のために文章題である必要はないです。文章題が用いられるもう１つの理由は，答えを求めやすくするためです。例えば，２mを200cmにして考えるのはその１つです。考え方の多様性を重視する場合は文章題が適切な場合もありますが，本時（第２時）は第３時の筆算指導に向けて，考え方を焦点化する方がよいので，文章題で提示する必要はありません。

*3　穴埋め形式の説明完成型の問題を使う **コツ２**

　本時のねらいは，計算のきまりによる計算の仕方の説明ができることです。そのために，第１時で指導した「計算のきまりによる方法」の穴埋め形式の問題を使います。何倍して何で割ればよいかを考えることに焦点化するために，ノートに全て子どもに書かせる必要はないです。書くことは問題１のグループ学習でホワイトボードに書いています。穴埋め形式の問題で計算の仕方の説明に慣れれば，自分でノートにその説明形式で書けるようになります。

　問題２（１）では，0.12÷４の計算の仕方を少し考えさせた後に，穴埋め説明の図（計算のきまり）を提示して，計算の仕方を全体解決させます。問題２（２）では，0.2÷５の計算の仕方の説明を穴埋め説明の図を与えて思考させます。全員がこれらの考える手がかりを参考に思考できることをねらいます。また，これは第３時からの筆算指導につなげるために計算のきまりによる考え方を定着させるための工夫です。

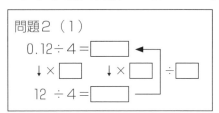

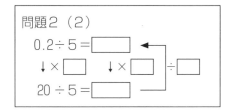

＊4　基礎基本の定着のための手立てを考えておく **コツ6**

　問題2（1）は全体学習後に，計算の仕方の説明をノートにまとめさせます。また問題2（2）では，最初からノートに説明を書かせて，個人で計算の仕方をノートに書かせる時間を確保するようにします。その後，習熟のための練習をさせるように計画します。

❷授業記録から学ぶ教師の働きかけ・言葉かけ
①足場づくり（復習）

　前時の学習を子どもが振り返る場面です。復習の場面では少しずつ子どもが主体的に伝え合うことができるように聴いて考えてつなぐ指導をします。

C1　小数÷整数の計算の仕方を考えてわかったことは，小数÷整数は10倍して10で割ることがわかりました。	
T　<u>一人で終わってはだめ。付け足します。自分なりの言葉で言いましょう。</u>	★促す：付け加えることを促す。
C2　かけ算と同じように10倍してその商を10で割りました。	
T　<u>かけ算と同じように，素敵な言葉です。</u>算数は習ったことを使うよ。昨日0.6÷3をしたね。（だいちの考えを見せながら）<u>なぜ10倍するかというと？</u> 0.6 ÷ 3 ＝ 0.2 ↓×10　　　　↑÷10 6 ÷ 3 ＝ 2 C　整数にするため	★繰り返して，ほめる：既習とつなげるよさの指導 ＊計算のきまりの図を見せて，理由を問う。

T　整数÷整数にするためです。わられる数を10倍すると整数になります。 C　商も10倍になるので，10で割る。 T　2つの方法がありましたね。どんな方法ですか？ C　ひなたさん方式 T　ひなたさん方式は？ C　0.1をもとにする T　だいち方式は？ C　計算のきまり T　<u>これ（だいちの図）はどちらの方式？</u> C　だいち	＊計算のきまりによる方法に焦点化するため，だいちの図のみ提示

＊子どもの発言が先にあって，つなぐことを促し，大事な言葉を繰り返しながら，進めている

　子ども主体の授業づくりのコツは，子どもから発言するように指導することです。そのためには「促す」働きかけが大切です。

　C1の小数÷整数の計算の仕方を10倍して10で割るという発言に教師が付け足すことを促し，C2は「かけ算と同じように」を付け加えます。それを教師が「かけ算と同じように」を繰り返すとともに素敵な言葉として価値づけています。次になぜ10倍するのかを問うと，整数にするためと多くの子どもから反応があり，教師が説明しています。この教師の説明に子どもが「商も10倍になるので，10で割る。」を付け加えている点は素晴らしいです。

②問題1の気づき，見通し，課題設定

　問題1を提示した後に，気づきの伝え合いも，聴いて考えて伝え合う活動です。授業の最初から学び合いは始まっています。この場面では聴き方指導もできます。つないだ子どもの発言を教師がクラス全体に問い返しながら整理するとよいです。

T 今日は？（2÷4を提示） 　　気づいたことは？ （5人挙手） T 相談しましょう。30秒 C3 わる数がわられる数より大きい。 C 同じです。 T 同じじゃだめ。もう一度言います。 C4 前までは小数から整数に変えたけど，最初から整数になっている。 C5 答えは小数になる。 T 見通し言ってくれたよ。3人つながったね。 　　C3さんが C わる数がわられる数より大きい。 板書 2＜4 T 次に，今までは小数÷整数で， C 今日は整数÷整数 T 最後に，答えが小数になりそう。見通しが出ました。見通し見えた人？ （数人挙手） T みんなで考えるよ。 　　課題はどうする？	☆気づきを考えて伝えることの指導 ★相談させる：気づきの相談 ★促す：つなぐことを促す。 ☆つなぎ方の指導：C3，C4，C5のつなぎ方を確認しながら指導する。 ☆課題を作ることの指

C　整数÷整数の答えは小数になる。 T　<u>自分の言葉で考えるのはいいよ。</u> C　わる数が大きい整数÷整数の計算の仕方を考えよう。 C　わる数の方が大きい。 T　でも，わる数が大きい小数も出てくるから<u>そのままではわれないわり算の計算の仕方を考えよう。</u> 板書「そのままではわれないわり算の計算の仕方を考えよう。」	導 ★ほめる：課題の提案をほめる。 ※子どもに課題を考えさせてから課題を提示する。

＊気づきを促す，相談させる，つなぐことを促す一連の働きかけ

　学び合い指導のスタートの時期は，問題提示後に教師から「気づいたことは？」と何でも問題を見て思ったことを自由に話すことを促します。それでも挙手が少ない時は，30秒近くの子と相談させると，「そんなことでも言っていいんだ」とか，「そんな気づきもあるんだ」とか，友達の気づきをもらって言っていいことも認めることで，発言することに抵抗感が少なくなってきます。

　Ｃ３は，わる数４がわられる数２より大きいことを話すと，「同じじゃだめ。もう一度言います。」とつなぐことを促します。Ｃ４が，前時は小数÷整数を整数÷整数に変えたけど，本時は最初から２÷４が整数の式であることを指摘しました。さらに，Ｃ５は答えが小数になると見通しを伝えています。

　このように，「気づきを促す」「相談させる」「つなぐことを促す」一連の働きかけは授業の導入時の問題１の課題把握や見通しをみんなで共有する場面で効果的です。

＊気づきのつながりを活かして，つなげ方を指導する

　学び合いの授業のスタートの時期には，発言がつながった時に，一度授業をとめて，つなげた子どもの発言を振り返らせて，「1番めの子が何を言った？」というように子どもに想起させながら，どんなつなぎ方をしているか，それはどんな聴き方をしたからなのかを教えるとよいです。

　この授業でも，気づきを伝え合う中で，C3，C4，C5の発言がつながったことを踏まえて，教師がクラス全体で，つなげ方の指導をしています。

③グループ学習とその後の話し合い

　問題1をグループで解決し，クラス全体で話し合う場面です。

　全部の班のホワイトボードを黒板に出して，眺める時間をとってから気づいたことをフリートークするとよいです。子どもが自分の班と他の班の解法や表現を比較して，何かに気づきます。その気づきを伝え合うことで，他の班への質問や疑問が浮かんだり，考えをよりよくしたりする機会になります。

T　5分間のグループ学習です。みんなしゃべるよ。 （グループ学習） 　T　全部のグループ，出してください。 2班 　2　÷　4　＝　0.5 　↓×10　↓×10　↑÷10 　20　÷　4　＝　5 1班 　2　÷　4　＝　0.5 　↓×10　　　　↑÷10 　20　÷　4　＝　5	☆グループ学習の約束の指導

3班

20 ÷ 4 = 5
↑×10　　　　　↓÷10
2 ÷ 4 = 0.5

6班（4，5班）

2 ÷ 4 = 0.5
↓×10　　　↓×10　↑÷10
20 ÷ 4 = 5

T　<u>6枚一斉に出した場合は？</u>
C　比べる。
T　そうです。<u>比べましょう。比べて違う考え，質問言って。</u>
C6　2班の<u>2÷4=0.5の4を10倍していると ころ</u>
C　えー。
C　あー。
C　矢印
T　<u>今のどんなこと？　どんな意味？</u>
C7　それってもしかして0.5を10倍しているの？
T　<u>もしかして，というのは大事だよ。</u>
C7　2÷4=0.5
　　　↓×10　↓×10
　　　この矢印は0.5のとこだと思う。
T　わる数じゃなくて商のとこだった。<u>気づいたのはいいよ。</u>
C8　1班は商をかける10していない。
T　もしこれがなかったら，

☆6枚の解答が貼り出されたら，何をすべきかに気づかせる。
☆比べることを指導する。

☆C6の気づきを全体に広げる聴き方指導

★ほめる：「もしかして」の考えをほめる。

★ほめる：他の班の表記ミスに気づいたことをほめる。

C9　なぜ0.5が出るのかわからない。 　C　3班，上下が逆だ。 　T　2班，発表してください。 2班　2を10倍して20÷4＝5です。商はかける 　　　10なので，割る10をして0.5なので答えは 　　　0.5 　T　わかりやすい説明でした。もう1つのグル 　　　ープ説明しないと，6班 6班　まず2÷4の2を10倍します。10倍した20 　　　割る4は5です。商も10倍するので，割る 　　　10して0.5です。 　T　今のは，誰の方式？ 　C　だいち 　T　この方式もみんなで考えるよ。 ┌─────────────────────┐ │2は，0.1の□こ分です。　　　　　　│ │2÷4は，0.1が（□÷□）こ分です。　│ │だから，2÷4＝□です。　　　　　　│ └─────────────────────┘ 　T　ワークシートにまとめましょう。 　　　グループで相談してもいいよ。1分間。で 　　　きたら周りを気にするよ。困っていたら力 　　　貸すよ。 （個人作業） 　T　2は，0.1の20こ分です。 　　　2÷4は，0.1が（20÷4）こ分です。 　　　だから，2÷4＝0.5です。	★ほめる・促す：2班の説明をほめ，1つの班で終わらせないように促す。 □考える手がかり：単位の考えによる計算の仕方の説明問題を与える。 □定着のための個人作業 ☆困ったら相談できることや仲間を気にかけることを指導

*出された班のホワイトボードを眺め，比べて，子どものフリートークから話し合いを進める

　学び合いの仕方の指導として，「６枚一斉に出した場合は？」という声かけで，自分たちから比べる活動をすべきことを指導しています。Ｃ６の気づき「２÷４＝0.5の４を10倍しているところ」に「それはどういう意味？」と問い返し，クラス全体に広めています。このことで，Ｃ７がＣ６に共感的に理解する聴き方で，「それってもしかして0.5を10倍しているのでは？」と表記上のミスであることを指摘しています。「もしかして」というＣ７の言葉を捉えてほめています。そしてこの仲間のやり取りを聴いた２班の子どもが自分たちで表記ミスに気づき，教師がそれをほめています。その後，Ｃ８が１班の表記不足を指摘したり，３班の表現のちがいに気づいたりしています。

　学び合いの授業２時間目で，少しずつ子ども主体の話し合いに向かっている姿が見られることに注目しましょう。

*グループの発表場面でも１つの班で終わらせずにつなぐことを指導する

　グループの発表場面では，２班の発表については「わかりやすい説明でした。」とほめてから，「もう１つのグループ，説明しないと」と別の班が説明することを促しています。次に６班が説明しました。２班の説明と６班の説明を比べると，同じですが，２班の「かける10なので，割る10して」に対して，６班は「商も10倍なので，割る10して」と表現がよくなっています。つないで説明すると，説明がよりよくなります。

*指導したい考えがグループ学習で出されない場合は，グループ学習後の話し合いの中で，計算の仕方を考え説明する活動を仕組む

　どのグループも計算のきまりを使って説明していたので，２つの班の説明が済むと，もう１つの考え「単位の考えによる説明」について，個人作業課題を与えて，考えさせる活動を仕組んでいます。この時，「グループで相談

してもいいよ。できたら周りを気にするよ。困っていたら力貸すよ。」と指示して，協力しながら課題を解決してよいことを指示している点も見逃せません。

＊グループの解法の取り上げ方を考える

　６つの班のホワイトボードを一斉に全部出しますが，取り上げたのは，表記ミスの２班と正解した６班の２つでした。どの班も正解している場合は，このようにシンプルな扱いで済ませてよいです。

④問題２（１）をみんなで考え，問題２（２）を個人で考える

　問題２（１）は，はじめに個人で１分間考えさせるだけにして，すぐに全体学習で進めるとよいです。その後，解法をワークシートに整理させてから問題２（２）を個人解決させると，全員が確実に考え，できるようになります。

T　次はどんな問題だと思いますか？　整数÷整数したね。 C　小数÷小数 T　残念 （問題２（１）0.12÷4を提示） T　少し考えて１分間 　0.12　÷　4　＝　□ 　　↓×□　　　　↓×□　↑÷□ 　　12　÷　4　＝　□ T　全員でつなげて□に何が入るか考えるよ。 C10　3 C11　×10	☆次の問題を予想させる。 ※１分間個人で考える。 □時間差で計算の仕方を説明する穴埋め問題を考える手がかりとして提示する。

C12　10倍なら1.2だから違う。 T　だったらできるよ。 C13　100倍して商も100で割る。 T　100倍になるから商を C14　割る100して0.03 T　<u>ノートにかいて，心の中で唱えながら</u> 　　整数にするために100倍します。だからもどすために商も割る100しました。 (問題2 (2) 0.2÷5を提示) 	0.2	÷	5	=	□
↓×□			↓×□	↑÷□
20	÷	5	=	□ | T　ノートにやってください。何倍するのかな？ 　　<u>わからなかったら友達に聞くよ。</u> (相談2分) C15　0.2を100倍します。それで20÷5で4，商も100倍して T　<u>100倍？</u> C15　割る100で0.04 C　同じです。 T　2÷5でできない。だから一度にするとしたら100倍して20にして。10倍しないといけないか，100倍しないといけないかを考えないと。	□個人作業：唱えながら作業するよう指示 □考える手がかり：計算の仕方を説明する問題形式で提示 ☆仲間に相談することを促す。 ★ゆさぶる：本当にいいかを問う。

＊全員ができるように学習形態を工夫する

　算数が苦手な子どもには問題が少しでも異なるだけで抵抗感が増してしまいます。そこで，仲間といっしょに学習できるよう配慮することが必要です。

　小数÷整数の問題は，前時と異なり，小数第2位の数であるため，困惑する子どもも予想されるので，問題2（1）は全体学習でする展開になっています。また説明文の穴埋め問題が提示されることもあり，はじめは1分間個人で考える時間をとっています。その後，みんなでつなげて解決し，それが済むと，ノートにまとめる個人作業となります。

　問題2（2）は問題2（1）の全体学習を受けて，個人学習で進めています。この時，わからなければ友達に相談するよう促していることは大切です。学習過程では疑問や質問のある時は自発的に相談する力を育てることになります。

⑤まとめと練習

　第2時のまとめの指導は，第1時と異なる点に注目しましょう。

T	まとめを自分で考えよう。グループで相談してもいいよ。 C16さんのまとめを聴いてみましょう。	☆まとめを自分で作ることを指導 ☆友達のまとめを参考にして自分のまとめを作れるようにする。
C16	われないわり算は10倍，100倍したら計算できる。	
T	そんなこともいいよね。	★ほめる
C17	やり方が同じでも×100，÷100があって答えが小数もある。	
T	いいですね。 自分なりのまとめを作るよ。10倍，100倍して割れるようにすることが大切です。	★ほめる ☆自分でまとめを作る指導

私のまとめです。 板書 「10倍して100倍して習った計算にすればいい。」 　T　では練習しましょう。 ⑥3÷6　1÷5　4÷5　4÷8 ⑧0.72÷8　0.14÷2　0.1÷5　0.6÷10 　T　（○つけして回る）<u>困ったら友達に合図出して。</u>	☆仲間に助けてもらうことを教える。

＊単元を通して，自分でまとめが作れるように段階的な指導する

　1分間グループ相談させながらまとめを作らせて，まとめを自分で作ることの指導をしています。そのうえで，子ども2人に発表させて，それをヒントに他の子どものまとめづくりに役立てさせています。それぞれの発言をほめている点も大切です。これは子どもが手本を示していることになります。

＊練習の時間にも，指導の声かけをする

　個人学習をグループ隊形で練習させると，自分たちで答えの見直しができます。また困ったら仲間にきいてよいことを教えます。教師だけが○つけに回るのではなく，子どもが自分たちでできることはできるようにさせるとよいです。

Part5 子どもが変わる！学び合い・聴き方・話し方の指導

1 授業の中で行う学び合いの指導例

　Part3で取り上げた３年の「逆思考文章題」（p.51参照）を，線分図をかいて解くことをねらいとする第１時の授業を例にして，授業の中で学び合いの仕方の指導について，どこで何を指導するかを考えてみましょう。他の授業でもスタートの授業でどのように指導したらよいか参考になります。

❶授業前：授業が始まる前に

＊目指す学び合いの授業について語る
　どんな算数の授業を目指すのかについて，子どもに話します。

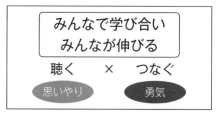

　このようなホワイトボードを見せて，クラスの誰ひとり残らず，みんなが学ぶとは，途中まででもいい，間違っていてもいい，教え合いながら学び合って全員が伸びる授業であることを伝えます。みんながわかり，できる授業のためには，思いやりをもって友達の話を耳と目と心で聴くこと，そして，「もう一度言います。」「詳しく言います。」と勇気をもってつなぐことが大切なことを教えます。どんどんつなぐことで，仲間がわかるようになり，クラス全体が前に進める，そのためには自分の考えを，勇気をもって伝えることが大切なことを指導します。

❷導入１：問題１を把握する

　学び合いの仕方や聴き方・話し方を指導するのに，問題提示の工夫をすると効果的です。例えば，「読み聞かせ」による問題提示をするとよいです。
　この授業でも教師が挿絵だけを見せて，「広場に，はとがいました。そのうち，５わとんでいきました。また，８わとんでいったので，のこりは17わになりました。」と１回読んでから「どんなお話でしたか？」と問いました。

＊相談させることでかかわる活動を仕組む
　しばらく子どもの反応をみてから，挙手が少ないようであれば相談させます。また「どんなことでもいいよ。」とか「１つでもいいよ。」と安心させる言葉かけも大切です。例えば，子どもが「最初に広場にはとが何わかいて，あとから５わ飛んでいきました。」と話したら，「付け足せるといいよ。」とつなぐことを促します。子どもから「付け足しがあります。」という声が出れば，すぐに「素晴らしいね。付け足せるのは聴いていた証拠」というようにほめます。クラスの反応にも教師がほめることが肝心です。このようにすると，子どもがつなげながら最終的には，お話を再現することができます。
　読み聞かせによる問題提示により，問題把握する場面は，「詳しくできないかな？」「正しいかな？」など考えながら仲間の話を聴いて，付け足す必要を感じたら伝えることができるので，聴き方・話し方の指導ができます。

＊仲間に向かって話すことを教える
　黒板や教師に向かって話すのではなく，仲間に向かって話すことも指導します。この指導により，子どもどうしで「みんなの方を向いて」という声かけができるようになります。

＊自分たちで授業を進めることを教える
　この読み聞かせでは，おたずね文が含まれていません。ですから，子ども

はこれでは算数の問題にならないと気づくでしょう。
　読み聞かせでお話を再現できたら,「しっかりこの情報を頭に入れてくれたのはうれしいです。」とアイコンタクトを返してから,「でも何か足りないね。」とおたずね文がないことに気づかせます。そのうえで,「おたずねがないね。『おたずねを言います。』が言えるといいよ。」と教師からおたずねは何ですか？という問いを待たなくても,自分たちから問いを考えて,話すことを指導します。

＊みんながわかるように教え合いをしてよいことを教える
　おたずね文がすぐに全員わかればいいのですが,必ずしもわかるとは限りません。こんな時に,すぐにわかった子どもを指名して授業を進めるのではなく,全員がわかるために,どう動いたらよいかを指導します。例えば,「おたずねは？」と問えば,手を挙げている子ども,その横で挙手できないでいる子どもがいたとします。このような時,「ここの２人手を挙げていたら,この２人（手を挙げていない）はきけるよね。」「ここ誰も手を挙げていなかったらどうするの？　見て,誰が手を挙げているかを見て,教えてもらいに行くといいよ。」と言葉かけをします。これは仲間が支え合う存在であることを実感させる機会になります。15秒程度の時間でできることです。実際の授業でも挙手できなかった子どもが「わかった。そういうことか。もう１回言って」とお隣さんに話していました。おたずねがわかり,それをもう一度確認して自分のものにしたいという気持ちがこの発言から読み取れます。

＊教えてもらったら,手を挙げて授業に参加する責任があることを教える
　そして,再度,「おたずねは？」と問えば,挙手する子どもは確実に増えます。この時,「教えてもらったら,手を挙げることが大事。勇気をつけていくのです。」という言葉かけは大切です。教え合いの結果,教えてもらった子どもは自分がわかったことを伝える責任があることを指導します。これがないと,全員挙手は実現できません。全員挙手できたら,すかさず,「周

りを見て。みんな手を挙げることができました。」とほめるといいです。みんながわかって授業に参加しようとする姿を子ども一人一人に実感的理解させる絶好の機会ですから。

　教師が「おたずねを言います。」と再度，促せば，子どもから「はじめはとがなんわいましたか。」と答えるでしょう。この後，挿絵の下に問いの短冊「はじめ，はとはなんわいましたか。」を貼ります。そして，子どもと情報の整理を確認しながら行います。

　　はじめの数　□わ
　　とんでいったはとの数　8わ
　　つぎにとんでいったはとの数　5わ
　　のこりのはとの数　17わ

❸導入２：線分図のかき方を指導する

　最初は「今日は図をかいて考えます。はじめての図なので，先生がかくのでしっかり見てください。見て学ぶよ。」と言ってから，手本となる線分図のかき方の手順を説明しながらかいてみせます。

　線分図のかき方は問題文のとおりに，左上スタートです。まず，線をひきます。次に，はじめの数□わをとります。飛んでいった減少場面ですから，右から減少分を区切って，8わとんだをかき，さらに左に5わとんだをかいて，最後にスタートの点までがのこり17わとかきます。

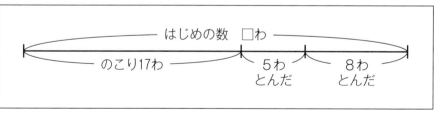

　黒板に線分図がかけたら課題「線分図をかいて考えよう」を板書します。そして，ワークシートを配付して，教師が黒板でもう一度線分図をかきな

がら子どもに線分図をかかせます。この時，ワークシートにははじめの数□わに対応する線分だけはかいておくとよいです。

＊作業の進み具合で遅れがちな子どもに「待って」を言うことを教える
　ワークシートを使って，情報の整理，線分図をかいていますが，進行速度は子どもによって個人差が生じます。もし進み具合が遅い子どもがいたら，子どもから「待って」を自己決定で言わせます。隣どうしで気にし合いながら作業することができれば，速い子どもはお隣さんを見守り，必要な助言をしてあげられるように指導しておくとよいです。

❹展開１：問題１の式を考え，みんなで話し合う

　全員がワークシートに線分図がかけることがスタートをそろえるという意味で大切です。線分図がかけたところで，「線分図の仕上がりです。線分図を見ると式が浮かびます。」と式を考えるように促します。このように働きかけてもクラス全員が挙手することはまれですが，ここで，手を挙げた子どもを指名して授業を進めてはいけないことがおわかりでしょう。置いてきぼりをつくることになるからです。

＊仲間の様子を気にして，相談し合うことを呼びかけることを教える
　そこでしばらく子どもの様子を見て，待つことが大切です。次に，挙手が少ないようなら，「こんな時，どうする？　相談していいよ。30秒相談」と言葉かけをします。さらに，自分たちで周りの仲間のことを気にして，手が挙がっている子どもが少なければ，子どもから「相談しませんか？」と提案することも教えておきます。これは子どもが自分たちで授業を進めるためにも大切なことです。教師が相談を指示するよりは子どもが自分たちの判断で相談し始めることができる方がいいからです。
　そして，相談後は「報告だから全員手を挙げるよ。」「友達が助けてくれる

から間違っても大丈夫だから。」と勇気をもって挙手するよう励まします。

　また，近くの子どもどうしで仲間を応援することも教えます。「手を挙げようよ。途中まででもいいんだから。仲間が助けてくれるから。」という言葉が子どもどうしで交わされるようになります。

*発表は前に出て黒板を使ってすることを教える

　しばしば，子どもが自分の席で考えを話しますが，算数では前に出て黒板を使って説明することを基本とすることを教えます。黒板にはそれまでの学習の足跡が残っているので，これらを指しながら説明したり，自分で黒板に式や図をかいて説明したりすることは表現する力を育てることにもつながります。

*仲間を巻き込んで考えを話すことを教える

　例えば，問題１の式について，「５たす８は13，13たす17は30」と話すこともいいのですが，「５たす８は13，13と17をたして」でとめて，「たしてと言うよ。そしたらみんなが答えを言うよ。」と仲間に問いの形で返して，仲間が「30」と答えるようにすることを指導します。

　この後，授業では，はじめに前に出た子どもの式　５＋８＝13，13＋17＝30　を別の子どもに式の説明をしてもらってから，この考えがまとめ型であることを指導しました。他の考えの式をたずねると，17＋８＝25，25＋５＝30　が出されました。これを順番型と教えて，ノートに２つの式を整理させます。

*発見したことは何でも伝えることを教える

　この時，だいき（仮名）から「おれは違う」というつぶやきを拾った教師は「違うは大事。だいきを予想して」と他の子どもにだいきの違う式を予想するように促すと，「わかった」という声が聞こえてきます。すかさず，「すごい，超能力」と教師がほめています。この一言が子どもの反応への肯定的

リアクションです。また，だいきの式をいろいろと予想している姿は能動的な学びの姿です。だいきは17＋（8＋5）＝30を言いました。まとめ型の１つの式にしたわけです。この式を聴いた子どもは「２年の時にやった」と（　）を使ってまとめて考える結合法則の学習を思い出したのでしょう。一人の子どものつぶやきを教師が拾い，だいきが躊躇していると，仲間が「だいき，がんばれ」と子どもが励ましている姿もありました。授業の中で学び合いの仕方の指導をしながら進んでいく授業ですが，学び合いの精神が徐々に子どもの中に浸透しているように感じます。

　だいきの考えた式がまとめ型であることを子どもに確認してから，ワークシートの演算決定の理由の指導に入ります。

＊式の理由の説明のさせ方の工夫
　最初から式の理由を自由記述で書くのは困難です。そのような場合，選択式の理由の書かせ方があります。
　わけ「（全体・ぶ分）がわからないので，ぶ分とぶ分とぶ分を（たして・ひいて）もとめます。」をワークシートに書いておき，この場合は全体，たし算を〇で囲ませます。

❺展開２：グループで考えた問題２の線分図を話し合う

　問題２はグループ学習で行います。第１時ですからグループ学習で線分図をかかせるだけにします。話し合いの後に線分図をもとに式を個人で考えさせるようにしました。これは線分図と式をグループに任せると，線分図が誤っているグループは式も間違う可能性が高いからです。全員をそろえて進めることを目指すので，第１時ではこのような配慮が必要です。第２時では問題２は線分図と式をグループに任せてもよいでしょう。

＊グループ学習の約束を教える（確認する）
　グループ学習に慣れていない場合は，グループ学習に入る前に，グループ学習の約束を確認するとよいです。（p.10参照）

＊後ろの子どもは前に出て見やすい位置に動くことを教える
　グループ学習では班ごとにホワイトボードを使って，解法をまとめます。黒板に貼り出されても後ろからは見づらいことが多いので，自分が見える位置に動いていいことを教えます。グループ学習後の話し合いでは，後ろ半分のグループは黒板の前に移動させるとよいです。

＊見比べて気づいたことを話すことを教える
　黒板に貼り出されたホワイトボードで，他の班の考えや図，式，答えを見比べさせます。気づいたことを何でも言っていいことを指導します。

＊リレー発表の指導では，教師の言葉をまねさせることから始める
　グループ学習後の班の発表では，リレー発表という形態があります。これは初めからうまくできません。４人が順番にグループでかいた線分図を説明するわけですが，最初はどう説明していいかわからないので，教師が説明を助けながら，発表させます。声の大きい子どもはいいのですが，自信がない子どもは声が小さくなります。それでもまずは，教師が言うことをまねさせながら，順番に発表させます。

❻展開３：問題２の式を考え，みんなで話し合う

　グループ学習のホワイトボードをもとに１つの班に説明させた後に，ワークシートを配付して，情報整理，線分図，式の理由（選択式）式，答えを書かせます。
　前述したように，個人学習で進行の個人差が生じます。また式に自信がな

い子どももいるかもしれません。「わからない子は近くの子にきいていいよ。」「わかる子，友達に教えてあげるよ。」と相談を促す言葉かけは大事です。この繰り返しで，自発的相談ができるようになります。何も考えずにきいて写すから相談はいけないと決めつけずに，わからなければ，自信がなければ，助けてくれる仲間がいる安心感をもてるようにしてあげることがやる気を引き出します。

問題2の線分図をもとに式を作ることはほとんど全員できていました。これはここまでの授業展開がみんなができることを目標に1つ1つ足場をつくりながら，また学び合いの仕方を指導しながら展開した成果です。

＊みんなでつないで学べばよいことを教える

教師が「式教えてください。ほとんど全員できています。」と励ましの言葉かけをしています。単に「式を言いましょう。」ではなく，「できています。」と自信を与えています。そのうえで，「説明できなくても式だけ言います。と言えば，友達がつなげてくれるよ。」と参加することを促しました。こうして，2つの考えの式が子どもから出されていきました。

＊つないで付け加えることを指導するために「促す」働きかけをする

子どもが30＋（4＋6）の式を言ったら，「この式を説明します。」とつないで説明することを求め，「一人で終わらせない」ことを教えます。2人めの子が「はじめの数がわからないから残りの数と食べた数をたせばはじめの数になります。」と説明したら，「わかりやすいよね。これ何方式？」と考えを問うだけでなく，「わかりやすいよね」とほめることは大事にしたいです。

＊黒板の前から教卓をなくして，学びの広場とすることを教える

黒板の前は黒板を使って説明したり，グループ学習後のホワイトボードを見合う場であったりします。そこに集まって話し合うこともできることを教えます。

＊友達の名前を入れて考えを話すことを教える

　２つめの考えについては，Ａさんが30＋4＋6の式を言います。これに対して，子どもから「式を説明します。」とつなげてくれればいいのですが，最初からは難しいです。教師が促すと，Ｂさんが「はじめの数がわからないので，残りの数から順番に30＋4＋6にＡさんは，したと思う。」と発言しました。このＢさんの発言には友達の名前が入っています。仲間の考えを自分が取り入れて解釈してＡさんはこう考えたんじゃないかなとクラス全体に伝える姿が見られました。これもこの授業で学び合いの仕方を指導しながら進めた結果ではないかと思います。この時に，「Ｂさんが友達の名前を入れて発言したのはよかったよ」と価値づけることで，話し方の指導ができます。

❼まとめ：まとめを考える

＊まとめでもつなげて考えを話すことを促す

　子どもの「全体がわからないので，たし算をすればいいことがわかりました。」の後に，「どんどんつなげていくと，賢くなれるよ。」とつなぐことを促すと，「全体の数がわからない時，線分図を使うとやりやすいです。」とつないでくれました。この２人の発言を活かしてまとめの板書「線分図が役立つ。」「全体がわからない時，たし算でもとめる。」をかきました。

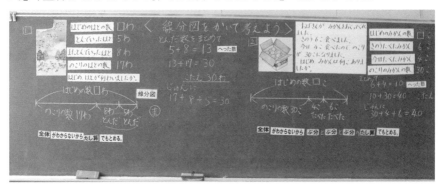

問題２までの板書

2 シナリオ教材を用いた聴き方・話し方の指導例

　4月中旬から5月中旬までに聴き方・話し方の指導をすることが必要です。話型だけを指導するのではなく，算数の学習場面のシナリオや授業記録を使い，学び合いの場面で子どもの発言のつながり方に注目させて，どんな聴き方をして考えたのかを話し合わせます。このような聴き方・話し方の指導を1時間行うだけでその後の授業での聴き方が変わります。

　ここでは，400＋700の計算の仕方を考える授業のシナリオを作って4年生に行った授業を紹介します。

❶シナリオ教材

　pp.106-107の児童用のシナリオを教材として印刷して使います。またこれを拡大コピーして，黒板に貼って，話し合いの中で書き込みながら使います。

❷授業の進め方と板書例

1．本日の授業のねらいを説明します。
　「友達の発言のつながりについて考え，聴き方名人になろう！」
2．シナリオの前半（左側）を教師が読んだ後に，子どもの発言のいいつながり方を見つけさせ，5つの聴き方やつなぎ方の指導をします。
3．子どもがシナリオの後半（右側）を読み，つながり方のよいところを見つけて，その理由やどんな聴き方をしたのかをワークシートに書かせてからクラス全体で話し合わせます。
4．まとめとして，次ページのような板書で，聴く・考える・つないで話すための5つの聴き方をまとめます。

*5つの聴き方の板書例

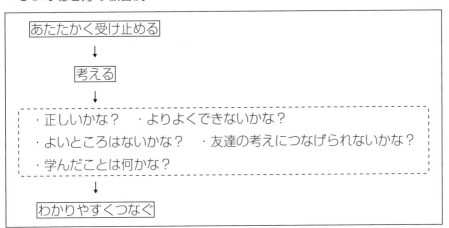

*シナリオ指導の板書例（ワークシート拡大版に書き込みます）

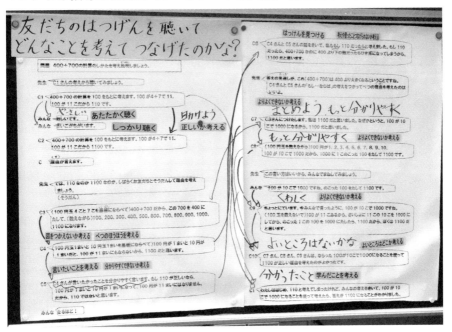

|資料| シナリオ教材

友だちの発言のつながりについて考え，聴き方名人になろう！
　　　　　　　　　　　　年　　　組　名前

問題　400＋700の計算のしかたを考え説明(せつめい)しましょう。

先生　C1さんの考えからきいてみましょう。
C1　400＋700の計算を100をもとに考えます。100が4＋7で11，100が11こだから110です。
全員　おしいです。
全員　さいごがちがいます。
C2　400＋700の計算を100をもとに考えます。100が4＋7で11，100が11こだから1100です。
C　理由が言えます。
先生　では，110なのか1100なのか，しばらくお友だちとそうだんして理由を考えましょう。
（そうだん）

C3　（100円玉4こと7こを黒板にならべて）700＋400だから，この700を400にたして，（数えながら）100，200，300，400，500，600，700，800，900，1000，1100になります。
C4　（100円玉1まいと10円玉1まいを黒板にならべて）100円が1まいと10円が1まいだと，100が11まいにもならないから，1100だと思います。
C5　C4さんが言いたかったことを自分の言葉で言います。もし110が正しいなら，100円が1まいと10円が1まいになって，100円が11ま

いにはなりません。だから，110ではないと思います。
全員　なるほど！
C6　C4さん，C5さんの話をきいて，わたしももし110だったらと考えました。もし110だったら，400＋700なのに400より下の数だったらひき算になってしまうから，1100だと思います。
先生　答えの見通しが，これ（400＋700）は400より大きくなるということですね。C4さん，C5さんの「もし…ならば」の考えをつかって別の理由を考えたのはいいよ。
C7　C3さんにつけたします。わたしは1100だと思いました。なぜかと言うと，100が10こで1000になるから，1100だと思いました。
C8　（100円玉を数えながら）100円が1，2，3，4，5，6，7，8，9，10，100が10こで1000だから，1000に1このこった100をたして1100です。
先生　この言い方はいいから，みんなでまねしてみましょう。
全員　100が10こで1000ですね。のこった100をたして1100です。
C9　ちょっとにています。今みんなで言ったように，100が10こで1000ですね。（100円玉を数えないで）100が11こあるから，さいしょに11この10こを1000にしてから，のこった1この100を1000にたしたら，1100だから，ぼくは1100だと思います。
C10　C9さんの考えをわかりやすく言うと，11を10と1に分けて，100が10こは1000にへんしん，のこりの100とあわせて1100です。
C1　わたしははじめ，110と考えてしまったけれど，みんなの考えをきいて，100が10こで1000になることをつかって考えたら，答えが1100になることがわかりました。

❸シナリオ教材を用いた聴き方・話し方の指導の展開

①聴き方名人になろうという課題をもたせる

②シナリオの前半を読んで,よいつながり方を考える

③よいつながり方と聴き方を説明する

④シナリオの後半を読んで,つながり方と聴き方を考える

⑤子どもの発言を活かして,つなぎ方を線で結んで,聴き方を説明する

⑥まとめとして5つの聴き方を整理する

❹シナリオ教材の解説

　C○─C□は，C○とC□がつながっていることを表しています。また，◆はつなぎ方（子どもの10のつなぎ方，pp.13-14参照）を表し，（　）はそのつなぎ方ができるための聴き方（子どもの5つの聴き方，p.13参照）を表しています。☐は，聴き方を指導するための短冊です。

・C1―全員
　　C1の説明の間違いに，聴いているクラスの仲間が最後の部分が誤っている点に気づいて，「おしいです。」「さいごがちがいます。」とやさしく反応しています。（正しいかを考えながら聴く。）
　　　　　　　　　　　　　　　　　　　　あたたかく聴く　しっかり聴く
・C1―C2
　　C2はC1の説明を活かして，正しい説明をしています。
　◆異なる意見表明（正しいかを考えながら聴く。）正しいかを考える
・C3
　　C1にわかるように，100のお金モデルを黒板に並べて，具体物を操作して数え上げる方法で1100であることを説明しています。
・C4―C3
　　C3が数え上げる方法で説明したのに対して，異なる方法に気づいて，110が正しいなら100が1つと10が1つだからおかしいと説明しています。
　◆異なる意見表明（自己進展的聴き方）別の方法を考える
・C4―C5
　　C4の言いたいことを理解して，C4のもし正しいならばの説明をもっとわかりやすく伝えるために自分の言葉で説明し直しています。
　◆付け加える（共感的聴き方）言いたいことを考える
・C4―全員：C4の説明のよさに素直に反応しています。

・C4・C5―C6
　C4・C5の「もし正しいならば」の考えを聴いて，もし正しいならばの別の説明（110が正しいなら400－何百になるはずだからおかしい）に気づいて，伝えています。
◆発見の表明（自己進展的聴き方）発見を見つける
友だちの考えや習ったことにつなげられないか考える
・C3―C7
　C3の数え上げる方法を改善しようとしています。100が10個で1000になるという既習事項をもとに説明しています。
◆よりよくする（評価改善的聴き方）わかりやすくできないか考える
・C7―C8
　C7の100が10個で1000になることを，具体的に100円玉を数えて10個を示してわかりやすく説明しています。
◆付け加え（評価改善的聴き方）よりよくできないか考える
・C8―C9
　C9はC8が100円玉を数えたことを簡単にできないかと考えて，11を10と1に分解して，説明しています。
◆よりよくする（評価改善的聴き方）よりよくできないか考える
・C9―C10
　C10はC9の考えのよいところに気づいて，わかりやすく自分の言葉で説明しています。
◆言い換える（共感的聴き方）よいところを考える
・全員―C1
　仲間の説明を聴いてわかったことをC1は仲間に伝えています。
◆変容の表明（自己進展的聴き方）学んだことを考える

　実際の授業では，シナリオ教材を子どもが読んで，このような聴き方とつなぎ方ができることに気づかせるようにします。

3 聴く力を育てる効果的な言葉かけ

　聴き方・話し方のモデルを学んだ子どもに，普段の授業の中でも聴き方・話し方の指導をすることが，学び合う授業づくりのために必要です。授業ですぐに使える教師の言葉かけを紹介します。

❶聴き方の重要性

　聴き方というと，「話し手に目と身体を向けて聴く」「うなずいたり反応したりしながら聴く」「途中で言葉をはさまずに最後まで聴く」などの基本的なことが重視されがちです。手遊びしないで聴くというような基本的な聴き方はもちろん大切ですが，本当の意味で聴けているのか不安になったことはありませんか？

　「聴く」ということは，相手の考えを受け止めることから始まると思います。賛成か反対かは別にしても，話し手が何を言いたいのか理解しようとすることがまず求められます。わかったと言えるのは，自分の言葉で表現できることであり，わからないことは質問できることだと子どもに話します。また，子どもの発言が見られた後で，発言と発言のつながりや発言のよさを問うたり，続きの発言を考えさせたりして，「本当の意味で聴くということ」や「どんなことを考えながら聴くとよいのか」を授業をしながら指導します。

　最初のうちは，誰かが発言したら，近くの子どもと，「○○さんは，〜と言ったよね。」と伝え合いをするといいです。インプットするだけでは理解につながらないので，アウトプットとセットにして聴く責任をもたせます。

　問い返しをして考えを深める際にも，発言した本人だけでなく，全員に発言した子どもの身になって考えるように促し，思考が深まるようにします。

❷聴く力を鍛える場面別教師の言葉かけ

＊友達が発言しようとしている時
　「どのように聴くといいかな。」発言者に注目し耳と心を傾けるよう呼びかける。
　「Ａさんはどんなことを話すかな。」言いたいことをつかむように意識づける。
　「Ａさんは何と（誰と）つなげようとしているのでしょう。」つながりを聴かせる。
　「よいところを見つけながら聴こう。」よさを見つけるよう促す。
　「自分の考えと比べてつなげられないか考えながら聴こう。」考えの共通点・相違点を見つけさせる。

＊一人の発言があった時
　「この後どうつなげるといいかな。」何を言ったらいいか考えるよう促す。
　「Ａさんはどうしてこのように考えたのかな。」友達の発言の理由を考えさせる。

＊よい発言が見られた時
　「もう一度言えるかな。」復唱させる。
　「Ａさんの考えのよいところは何かな。」考えのよさを見つけるよう呼びかける。
　「Ａさんの発言のよいところは？」伝え方のよさを発表させる。

＊子どもがつなげようとしている時
　「何をつなげようとしているのかな。」つなげることができないか考えさせる。
　「どんなことが付け足されるかな。後できくよ。」何を付け加えたのかを明

確にさせる。

＊つなげた発言が見られた時
　「どんなつなげ方をしたのかな。」つなぎ方を見つけさせる。
　「どうしてつなげることができたのかな。」つないだ理由を考えるよう促す。
　「どうしてこの発言をしたのかな。」発言の意図を考えさせる。
　「Aさんは誰の発言につなげたのかな。」発言のつながりを明確にさせる。

＊3人の発言がつながった時
　「3人はどんなつなげ方をしたのか考えよう。」一度立ち止まり，発言と発言のつながりを考えさせ整理させる。

＊不十分な発言の時
　「Aさんの言いたいことはどういうことかな。」共感的に考えるよう呼びかける。
　「この続きを友達はどう説明すると思う？」続きを予想させる。

＊間違えた発言の時
　「Aさんがどのように考えたかわかるかな。」間違いの理由を考えさせる。

写真で教える学び合い

Part6 ちょっとした働きかけでできる！つながる話し合い

1 学び合いを支える教師の働きかけ

　教師の働きかけは，子どもの話し合いを充実させるために欠かせません。考えや解法を形成する学習過程での話し合いも含めて，どんな場面でも子どもがつなぐ話し合いの実現に有効な教師の働きかけとして，「相談させる」「促す」「算数トークさせる」「問い返す」に注目してみましょう。

❶「相談させる・促す・算数トークさせる」一連の働きかけ

　これは，みんなが考えをもって，考えをつないで広げられるようにするための働きかけです。教師の発問に対して，数人の子どもとの問答にならないためには，間をとって相談させることで，クラス全員が近くの子どもと相談して考えをもつことができます。わずかな時間でも，クラス全体ではいろいろなことが話し合われていることでしょう。相談後に発言をすることや仲間の発言につなげることを促すことで，発言の輪が広がっていきます。

　　例1　5年　式をよむ
　5年の式をよむ授業で，1辺におはじきが6個の正方形の図を見て，式（6−1）×4はどんな考えかを説明し合う場面です。

この式を提示すると，挙手する子どもは少なかったので，教師が「こんな時はどうするの？」と相談を提案することを促して，「相談しませんか。」と子どもが提案するのを待って，30秒相談させました。その後のやり取りです。

C6　まず，ここに1，2，3，4，5，6個あります。縦にも6個あります。この部分が重なっているので，縦にも6つ，横にも6つあって，こっちも6個，こっちも6個で，こことここが重なっているので，（6－1）×4になる。

C　うーん。

T　C6さんは重なったものをひいたよと言っています。今のC6さんの考えをわかりやすく説明できる人はいませんか。

C7　ここにおはじきが6個あります。この6－1はこの6個のおはじきを角をひいて，4個の辺のおはじきに，この角のおはじきをたして，全部の辺を5個として（6－1）×4をしている。

T　もっとわかりやすく，だんだんよくなっているよ。全部の辺を5個とみたと言っているよ。

C8　C7さんが言ったのは，ここのおはじきが6個あります。ここの重なっている部分をひいて，（角のおはじきに印をつけて囲む）5つのまとまりを4つ作ったと思う。

C　おー。

T　今やったことをわかりやすく言葉で表すと？　つまり，この式の意味は？　言い方をお隣さんと相談しませんか？

（30秒相談）

C9　縦と横6つだと，角が重なってしまうので，1辺を角1個をとった5個とみるので，（6－1）×4になる。

　式を提示しても挙手が少ない時は，すぐに指名せずに相談させてから，再度，発言を求めるようにします。C6の発言を「重なったものをひいたよ」

と教師が繰り返してから，わかりやすくつなぐように促し，C7が発言すると，教師がC7の「全部の辺を5個とみたよ」を繰り返し，もっとわかりやすくつなぐよう促しています。C8は「重なっている部分をひいて5つのまとまりを4つ作った」とC7の考えを角に印をつけて説明しました。この説明の後に子どもの「おー」という反応を見取り，この式の意味をお隣さんと確かめ合う算数トーク（相談）をさせました。そして，C9が「縦と横が6つだと角が重なってしまうので，1辺を角の1個をとった5個とみるので，（6－1）×4となる」と，（6－1）のよりよい説明ができました。これは教師の「相談させる・促す・算数トークさせる」の働きかけにより，C6，C7，C8，C9と子どもがつなぎながら考えたからです。

❷「促す・算数トークさせる」一連の働きかけ

　これは，仲間の考えをみんなのものにするための大切な働きかけです。
　一人の発言で終わらせないために，詳しく，わかりやすく，例を挙げて，言い換えるなどつなげることを教師が促すことで，子どもの発話の連鎖が生まれます。この連鎖は関連付けられているのが特徴で，この関連付けを聴いて考えることは発言内容の理解を確かなものにします。話し合い場面では，発言がつながった後に，一度とめて，立ち止まり，そこまでのやり取りでどんなことがわかるようになったのかを確かめ合うための算数トーク（相談）させることがクラスの子どもの足並みをそろえる意味で大事になってきます。ここが，全員がわかるようになるターニングポイントなのです。したがって，一連の活動後には，よりわかりやすい方法や表現が子どもから出されることが期待できます。

例2　6年　比例の応用

　6年「比例」の応用の授業です。くぎ全体の重さ400gがわかっていて，何がわかればくぎの本数が求められるかという問題に対して，くぎ1本の重

さがわかればできそうだという見通しについて、それでよい理由を考え伝え合う場面です。つなぐことを繰り返し促すことで説明がよりよくなる様子がわかります。

C5　この問題では，くぎ何本あるかを求めます。だから，全体の重さ400ｇがわかっている。本数×重さ＝400ｇ全体の重さになるから，全体の重さ÷くぎ１本の重さで，くぎの本数が出るから，くぎ１本の重さが知りたい。

T　もう一度言います。
　　くぎ１本の重さがわかればいいと言っています。

C6　くぎ１本の重さ１ｇとします。C5さんが言ったとおり，400ｇ÷１本（ｇ）をすると，400÷１をして何本かわかるから，400本とわかります。

T　もうちょっと，…全員が OK と言うまで。

C8　(板書しながら) 板書　くぎ１本の重さ×本数＝全体の重さ
　　400ｇは全体の重さです。全体の重さは400ｇ。くぎ１本の重さの情報がいるのは本数を求める問題だからです。400ｇがわかっていて，くぎ１本の重さがわかっていないけど，本数を求めるには，全体の重さ÷くぎ１本の重さ＝本数だから，くぎ１本の重さの情報が必要です。

T　まだよくわからない人は？　隣と伝え合いなさい。１分相談。
(相談)

C9　関係図がかけそう。
　　さっきのくぎ１本の重さ×本数＝全体の重さを関係図に表します。

　　　　　　　　×□
　　|くぎ１本の重さ| ⇒ |全体の重さ|
　　　　　　　　　　　　約400ｇ

　　１がもとになるから，くぎ１本の重さがもとになります。それで

> そうすると，全体が比べる量になって，全体は400ｇです。くぎの本数は割合にあてはまるから，割合がわからない場合，くらべる数÷もとにする数です。だからくぎ１本の重さがわかれば本数が求められます。

　子どもは聴いて考えてつないでいますが，教師がどこでどんな働きかけをするかが大切です。Ｃ５がかけ算の式「くぎ１本の重さ×本数＝全体の重さ」から全体の重さ÷くぎ１本の重さで本数がわかることを話したところで，教師が「もう一度言います。」とＣ５につなげるように促しています。これは話し合いを進めるための潤滑油です。Ｃ６が具体的にくぎ１本１ｇとして，言葉の式にあてはめて，400÷１＝400（本）と例を挙げて説明しました。クラスの様子を見ている教師は「もうちょっと」と全員が納得できるまでにいたっていないことを見取り，つなぐことを促すために待っていると，Ｃ８が黒板で，Ｃ５が話した言葉の式「くぎ１本の重さ×本数＝全体の重さ」を書いてから，Ｃ５と同じ説明をしました。そこで，教師はペア相談を指示して，理由の確かめ合いの算数トークをさせました。
　この教師の働きかけはそこまでの友達の説明を受け入れて自分のものにすることを意図しています。その結果，Ｃ９によって関係図を用いた詳しい説明が付け加えられました。

❸「相談させる・促す・算数トークさせる・問い返す」一連の働きかけ

　子どもの発言がつながるように相談させたり，促したりして，つないだ子どもの発言の中に注目すべき言葉があれば，それを拾い，この発言の意味を考えるように算数トークさせて，全員にこの発言の意味を共有させます。さらに問い返しをしてよりよい表現に高めます。こうすることで，みんなが聴いて，考えて，つなぎながら，本時学習のめあてに迫る話し合いが実現できます。

例3　5年　異分母分数のたし算

　この授業は5年「異分母分数」のたし算 $\frac{1}{2}+\frac{1}{5}$ の計算の仕方を考えて説明する授業です。問題1を全体学習で進めながら，みんなで計算の仕方を考え，説明の仕方を練り上げていきます。

　「ジュースが，㋐の入れ物に $\frac{1}{2}$ L，㋑の入れ物に $\frac{1}{5}$ L 入っています。あわせると何Lですか。」の問題が与えられ，全体で $\frac{1}{2}+\frac{1}{5}$ と立式しました。その後の伝え合いの様子を見てみましょう。

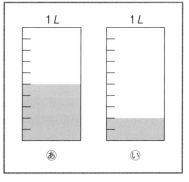

　まず，かず子の考えたます図が2つ貼られ，30秒相談させると，この図を見て，気づいたことを伝え合います。

　C1が，「左が $\frac{1}{2}$，右が $\frac{1}{5}$ までしかわからないので，つなげてください。」とバトンを仲間に渡しました。C2は「1Lを10等分して，左は $\frac{1}{2}$ となって，右は1Lを10等分した2つ分なので $\frac{1}{5}$ で，かず子の考えは2つとも10等分するやり方です。」とつないで詳しくしました。

　ここで教師が「C2さんがいいキーワードを出してくれました。これについてつなげましょう。」とC2のいい言葉に注目させてつなぐことを促します。すると，C3が「まず，$\frac{1}{2}$ と $\frac{1}{5}$ を通分すると，$\frac{5}{10}$ と $\frac{2}{10}$ になります。だか

ら$\frac{5}{10}$と$\frac{2}{10}$をたすと答えが求められます。」とＣ２の「10等分」を通分して分母をそろえるために10等分していることを説明しました。Ｃ３につなげてＣ４が「なぜ10等分したかは２と５の最小公倍数だからです。」と同分母にするために最小公倍数10を使うことを話しました。

　この後，Ｃ５がＣ４に付け加えて，詳しく次のように説明しました。「分数のたし算は分母が等しい分数しかやっていません。$\frac{1}{2}+\frac{1}{5}$はまだ習っていないので，$\frac{1}{2}$と$\frac{1}{5}$を通分して等しい分数にします。分母の２と５の最小公倍数は10になります。だから等しい分数にするために同じ数を分子分母にかけるので，$\frac{1}{2}$の時，分母に５をかけるなら分子に５をかけて$\frac{5}{10}$になります。$\frac{1}{5}$の時，分母に２をかけるから分子にも２をかけるので，$\frac{2}{10}$になります。これをたすと答えが出ます。」

　ここで，教師はクラスでこの説明の仕方を共有するために20秒算数トークをさせました。この算数トークは理解を確認し合うためです。算数トーク後に，子どもがつなげて，Ｃ６は「通分しています。通分すると分母が同じになります。だから分母が同じになれば計算できます。かず子の考えは通分して計算するだと思う。」やＣ７は「分数のたし算をする時，分母が同じたし算をしました。$\frac{1}{2}$と$\frac{1}{5}$の分母が違うので，通分しないとたし算ができないので，通分して計算します。」そして，Ｃ８が「$\frac{1}{2}+\frac{1}{5}=\frac{5}{10}+\frac{2}{10}=\frac{7}{10}$」と板書し，「分数の計算は分母をそろえないといけないので，２と５の最小公倍数を求めます。最小公倍数が10なので，$\frac{1}{2}$の分子分母に５をかけて，$\frac{1}{5}$の分子分母に２をかけて，$\frac{5}{10}+\frac{2}{10}$になって，たします。」と発言しています。

　このように，後半は算数トークによって，そこまでのやり取りを子どもが整理し，前の発言と関連付けながら異分母分数の計算の仕方を協働的にまとめることができました。

　異分母分数のたし算を同分母分数のたし算に帰着できましたが，同分母分数の計算の仕方の説明ができていないので，教師が$\frac{1}{2}+\frac{1}{5}=\frac{5}{10}+\frac{2}{10}$に変身して説明できたことをほめた後に，「なぜ，$\frac{2}{10}+\frac{5}{10}$にすると$\frac{7}{10}$なのですか？計算の仕方を説明しましょう。」と問い返しました。

この問い返しによって，子どもから「わかった。」というつぶやきが出され，Ｃ９が「$\frac{5}{10}$は１Lを10等分した５個分，$\frac{2}{10}$は１Lを10等分した２個分。たすと７で分母が10です。」，Ｃ10が「$\frac{5}{10}$は$\frac{1}{10}$の５個分，$\frac{2}{10}$は$\frac{1}{10}$の２個分。$\frac{1}{10}$の５個分と２個分で$\frac{7}{10}$です。」，Ｃ11が「$\frac{5}{10}$は$\frac{1}{10}$の５個分，$\frac{2}{10}$は$\frac{1}{10}$の２個分。あわせて$\frac{1}{10}$の（５＋２）個分になるから$\frac{7}{10}$になります。」と３人がつなげると，Ｃ12が３人の考えをまとめて「単位分数の何個かで計算している。」と発言しました。
　ここで「単位分数のいくつ分」を板書してから，Ｃ11の言い方で全員に$\frac{5}{10}$＋$\frac{2}{10}$の計算の仕方を言わせて問題１の協働的問題解決が終わりました。

グループ隊形の個人学習

グループ相談

2 子どもの考えを活かした問い返し・指示・発問

　話し合い場面でも，教師は子どもの発言を拾い，その価値を判断して，問い返すことで，思考を深める話し合いを導くことができます。2つの授業からその場面を見ていきます。

❶問い返しで，考え方を指導したり，引き出したりする

例4　2年　数の大小

　2年「数の大小」の授業（**Part2**の**2❹**，p.30参照）では，オープンな問題にするために，問題1に「25●」と250の大小比較の問題を加えました。問題1なので，全体学習で進めている場面のやり取りを紹介します。

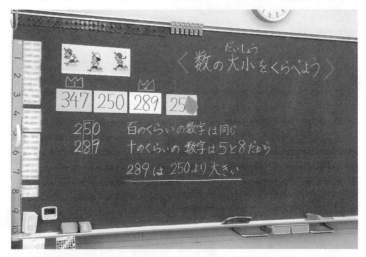

　黄組の得点が●で隠されています。そこで，白組の250点とどちらが大きいかを問題にしました。ある子どもが●を8として，「258じゃない？」と言いました。その根拠は葉っぱに隠されているからでしたが，教師は「葉っぱで8を思いついたんだ。」とほめてから「もし8だとしたら？」と問い返しました。子どもからは黄組の方が大きいとすぐに反応が返ります。その後，

別の子どもが「でも,もし」とつぶやきました。教師がこれを「でも,もし」を拾い,繰り返すと,K子が「もし●が0だったら250になるので白組と同点」と言いました。その後,教師が「251なら」と問えば,子どもたちから「黄組が大きい」,「252なら」と問えば,「黄組が大きい」とやり取りがあった後に,子どもたちから「0以外なら黄組が大きい」が出されました。

教師の「もし8なら」という発言が仮定して考える契機となり,その後の子どもの「でも,もし」を引き出しています。

例5　3年　棒グラフを読もう

棒グラフが提示されて,子どもが気づきを伝え合っている場面です。

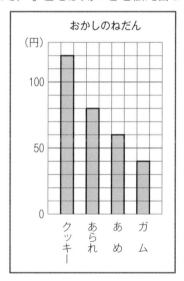

C15　他のわかることを言います。これはいくつ買ったかはわかりませんね。もし(ガム)2つなら40円と40円で80円になって,クッキーが2つなら120円が2個で…

C　240円

C16　240円になるんだと思います。

> T　いいねえ。もし全部買ったらいくらになるかな？
> C17　300円だと思います。
> C18　簡単に求める方法を言います。クッキーは120円ですね。ここのあられのところに2目盛りをやります。そうすると，100円が2つできますね。あめの10円をガムにやると50円と50円で100円ですね。100円が3つで300円としました。
> C　なるほど。
> C　同じです。棒グラフを見ていたら気づきました。

　このやり取りで，C15がもしガムが2個，クッキーが2個ならいくらかを考えたことをクラスに伝えると，それを聴いたC16が240円と答えましたが，ここで，教師が値段の合計を問題にする子どもの考えに寄り添って，「もし全部買ったらいくらになる？」と問い返します。この問い返しが，C17の300円やC18の簡単に求める方法の発見を引き出しています。C18の考えは平均の考えで，棒グラフの凸凹をならして合計をうまく求める工夫に気づいています。この気づきに対して，「なるほど」という驚きが上がりました。他にも気づいた子どもがいるようです。つまり，値段の合計の問題を作った子どもの気づきに寄り添って，教師の全体の値段はいくらになるかという問い返しが，子どもの「ならす考え」の気づきを引き出しています。

❷連続的な指示・発問で，解法を練り上げる

例6　5年　四角形の面積の求め方

　右のような四角形の面積の求め方を考えましょう。

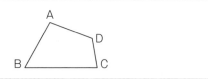

四角形の面積の求め方を考える発展的な授業で，個人学習後の話し合い場

面で，教師のどんな問い返しによって，子どもが問いをもち，練り上げる過程を作りだせるのかを見ていきます。

①2つの解法をつなげる教師の発問

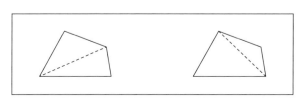

一般四角形を与え，自由に面積を求めさせた後に，2つの考えを取り上げて発表させました。いずれも対角線を1本ひいて，2つの三角形に分割して求めています。しかし，C5は1つの式にまとめることまでしていました。

> C5　ぼくも，三角形に分けました。説明します。四角形をこのように2つに分けます。この対角線は9㎝，この高さは6㎝なので，9×6÷2でこの三角形の面積が求められます。つづいてこの三角形の高さは2㎝だったので9×2÷2であわせます。この式を1つにまとめてから，また別の式にしました。9×(6+2)÷2です。

この1つの式について，「わからない」という声も出て，C6が「9×が同じなので，かける数をまとめて一緒に2で割るんだと思う。」と説明しました。
　ここで教師は「C5さんの考えではじめの考え方も表せませんか。」と問います。その結果，C7から9×(5+3)が出されると，聴いている子どもから，公式ができそうだというつぶやきが聞こえてきました。

②公式ができないかを問い返す

　子どものつぶやきを聴いて，教師が「公式が作れませんか？」と問い返す

と，C8から「底辺×（高さ＋高さ）÷2」が出され，C9はC8の底辺を対角線にして「対角線×（高さ＋高さ）÷2」としました。ここまで，三角形分割による方法で，仮の公式を作ろうとしていることになります。

そこで，教師が「なるほど。でも，高さと高さが同じ高さじゃないから高さ×2にできないし，困るよね。もっといいものを考えよう。面積の求め方は分ける以外にどんな方法があったかな？」と問いました。

③倍積変形できないかを問い返す

先に進むために，教師が分割ではなく，他の方法を想起させると，子どもからは等積変形と倍積変形が想起されて，問い「この四角形を面積2倍の長方形に変えられるかな？」が教師から出されます。

この問いに対して，ワークシートで個人作業をして面積2倍の長方形を作る時間をとり，教師が「公式できそうですか？」と問うと，C12が「たて×横÷2」を，C13が「対角線×対角線÷2」を提案しました。

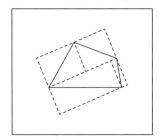

C13の言葉の式に対してひし形と同じ公式だという声も上がりました。それでもある子どもは「対角線はわかるけど，この対角線はわからん」と素直に「わからない」をクラスに伝えました。

④対角線に変身できないかを問い返す

この発言に教師が「これを対角線とするのは抵抗があるんだ。じゃ，対角

線に変身できないかな？」と問い返し，しばらく間をとって考えさせると，「頂点をずらす」が出され，教師がこの見通しで実際に頂点をずらしながら，対角線に変身させました。これを見て，「だったらひし形にも変えられる」という気づきも出されました。もう１つの方法もずらす方式で対角線に変身させると，子どもから「ほんとや。分けるよりも簡単だ」という実感的な言葉がクラス全体に響きました。

・話し合いのココがイイネ！

　この話し合いには，必要なところで教師の指示・発問がありますが，指示・発問の前には活動から生まれる子どもの問いや疑問があります。つまり，子どもが活動を振り返り疑問をもち，その疑問を解消するために教師が方向づけをして，次の活動を仕組み，また子どもがその活動を振り返り，疑問をもち，さらに教師が問い返しをすることで話し合いが進んでいます。このような流れを事前に考えて授業をつくることと，授業の中で，どこで教師が出て，どんな発問指示，問い返しをするかを考える力が大事になります。このような話し合いを経験すれば，聴いて考えてつなぐ力や仲間といっしょに探究過程を楽しむ態度が育てられます。

ペアで説明し合う

3 話し合いの進め方

3年の逆思考文章題(第2時)の授業を取り上げて,学び合いのスタートの授業の個人学習後の話し合いの進め方のコツについて説明します。

❶子どもの考えの取り上げ方と話し合わせ方

本書 Part3 で紹介した3年「かくれた数はいくつ」の第2時の授業です。
問題1は「あめとガムを買いに行きました。あめは30円,ガムは40円でした。ラムネもほしくなって買ったら,全部で90円になりました。ラムネは何円でしたか。」です。線分図のかき方指導の後にワークシートに正しい線分図をかいて,それを見て式を考えた後の話し合い場面です。

算数授業で子どもは多様な解き方をします。教師はどの解法をどんな順番で取り上げるか,あるいは一斉に出させるのか,事前に検討しておくことが必要です。また学び合いを促すためには,働きかけ・言葉かけを行えるように子どもの発言を聴くことが大切です。また子どもにも仲間の発言を温かく聴くように指導します。

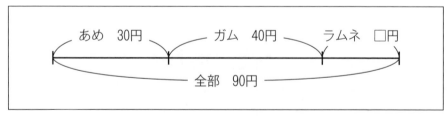

子どものノートを見ると,以下の4つの式がありました。これらの式をどのように取り上げたらよいでしょうか。

式1　90−40=50, 50−30=20	式3　40+30=70　90−70=20
式2　90−40−30=20	式4　90−(40+30)=20

以下の授業記録の下線❶から❿の教師の発言の意図を考えてみましょう。

T 「式を言います」を言います。
C 式を言います。
(挙手少ない)
T こんな時，どうするの？ 20秒相談して。①
　「式を言おうよ」と呼びかけます。
C 式を言います。
T みんなできているよ。C9さん。②
C9 式は90－40＝50，50－30＝20
C 同じです。
C 違う式あります。
T おろして。まず，この式をこの図を使って説明して。C11さんは違う考えだけど，説明しようとしているよ。③
C11 全体の90円からガムの40円をひいて50円になって，そこからあめの30円をひいて，ラムネが20円になりました。
C わかりました。
T 今，いいこと言ったね。これ（線分図の全部を指して）は違う言葉で言ったね。④
C 全体
T これ（線分図の30と40を指して）は？
C 部分
T こう言うといいね。「全体の90円からガムの部分をひきました。またあめの部分をひいて，ラムネになりました。」全体と部分を使った説明。⑤
T これやった人は？ 何方式ですか？
C 順番
T 順番方式。まだ違う式は？
C12 90－30－40＝20

T これは？
C 順番
T １つの式に表しました。全体から部分と部分をひいたね。違う式は？
C 他にあります。
C13 30＋40＝70　90－70＝20
C 同じです。
T 説明します。C11さんが勇気出して全体部分で説明したよ。がんばって。
<u>全体と部分を使って</u>⑥
C14 まず，あめの部分とガムの部分をたして70円になります。全部，全体から70円をひくと20円になります。
T <u>全体と部分を使って言ってくれました。こことここのちがいわかる？　部分と部分をあわせています。</u>⑦
C 部分を先にたしている。
T はじめに買った値段をあわせて<u>部分のまとまり</u>にしました。これは？
C まとまり方式
T この３人，まとめ方式ですが別の式です。
T <u>前で説明するよ。C13さんはこれと違う式を出します。想像できますか？</u>⑧

（間をとる）

C わかった。
C15 90－（30＋40）＝20
T <u>この考えを詳しく言います。友達の考えを言ってみること大事</u>⑨
C16 全体から部分のまとまりをひきました。
T ここは？
C 70

> T この式どこかになかった？
> この式は（ ）の中を先に計算するんだね。1つの式にしました。どちらの式でもいいです。
> <u>理由は？</u>❿今日は何がわかりませんか？
> C 理由を言います。
> C17 部分がわからないので，ひき算で求めました。
> C 詳しく言います。
> C18 部分がわからないので，たし算とひき算で求めます。
> T まとめ方式です。順番方式は部分がわからないからひき算で求める。これはいいよね。でもたし算を使ったね。もう1つの方式はたし算して，ひき算を使いました。部分のまとまりをたして，全体から部分のまとまりをひいたね。今日は全部，ひき算使ったね。
> 板書 「全体から部分のまとまりをひいて求める」

① 挙手が少ない時は，相談させる

　「式を言います。」と自ら式を言うことを指導しています。式に自信がない子どももいるので，近くの子どもどうしで確かめ合う相談の時間を与えます。

② 取り上げる順番と意図的指名を行う

　まず，式1を作っている子どもを意図的指名します。理由はこの式が多くの子どもが見つけているからです。容易な方法であるからです。次に取り上げるのは式2です。これは同じ順番方式を使っていますが，1つの式にしています。関連しているので2つめに取り上げます。3つめに取り上げるのは式3です。最後にまとめ方式で1つの式にした式4を取り上げます。

③ 代表的な方法は繰り返し説明を求める

　C9の後に，C11が「全体の90円からガムの40円をひいて50円になって，そこからあめの30円をひいて，ラムネが20円になりました。」と説明しています。ここで「全体」という言葉を使ったことに注目します。

④　子どもの言葉に大切な表現があれば立ち止まり，注目させる
　このことで，全体と部分の見方を扱えます。
　C11の発言「全体の90円からガムの40円をひいて，…」に全体が使われていることを拾って，「今いいこと言っているね。これは違う言葉で言ったね。」とC11の発言を取り上げて，クラス全員に「全体」という表現に注目させています。
⑤　教師が説明の仕方の手本を与える
　子どもの説明を受けて，手本「全体の90円からガムの部分をひきました。またあめの部分をひいて，ラムネになりました。」を示すことで，その説明の仕方を授業後半で子どもが使えるようにするためです。
⑥　使わせたい表現を使った説明ができるように要求して説明させる
　すでに部分―全体で説明する仕方を指導しているので，部分―全体を使って説明するように指示します。授業でもC14が「まず，あめの部分とガムの部分をたして70円になります。全部，全体から70円をひくと20円になります。」と説明しています。
⑦　方法の相違点に注目させてから，その方法について教師が教える
　式3を扱う時，式1と「こことここのちがいわかる？」ときいています。これは比較のための立ち止まりです。そのことから，この方法がまとめる方法であることに注目させると，子どもからも名前が出やすくなります。最終的には教師が部分と部分をあわせていることを伝えています。そして部分のまとまりを作るという名前を教えています。最後に式4の式を出します。これが一番難しい式だからです。
⑧　どんな式かを予想させてから説明させる
　多くの子どもが考えていない式（方法）をすぐにそれを考えた子どもに説明させるのではなく，全員に考える機会を少しとってから説明を聴かせます。
⑨　大事な解法でも考えた子どもが少ない時には，聴いてわかった子どもにつないで詳しく説明することを促す
　C15の後に，C16が「全体から部分のまとまりをひきました。」と要領よ

くまとめています。
⑩ 式の理由を説明する場面は，つないで詳しくしたり，言い換えたりすることができる

授業でもＣ17，Ｃ18がつないで部分がわからないからひき算を使うと説明しています。

❷グループ学習後の話し合いの進め方

ホワイトボードを全部出す場合とそうでない場合があります。全部出す場合は次のようにします。詳細は『「学び合い」を楽しみ深める！グループ学習を取り入れた算数授業』(明治図書，2015年)の本を参照ください。

1　眺めさせてから，仲間分けをする。
2　少し時間をとって個人が眺めて気づきをもてる間をとる。
3　気づきを自由にトークする。トークの中で出た疑問や質問はその中で対処できるものは対処し，できないものは疑問として残しておく。
4　聴いてみたい班に説明してもらう。どの班に聴きたいかを子どもに委ねることも必要。
5　自由トークで解決できなかった班について，教師が説明させたい班をいくつか選び，順番を考えて説明させる。

おわりに

　学力向上が課題の学校はとても多いのではないでしょうか。そこで，基礎基本の定着をねらってスキルタイムなどを設定し，計算の繰り返し学習を行ったり，全国学力・学習状況調査の過去問に取り組んだりしている学校がほとんどだと思います。新しい知識や技能を定着させるためには練習が必要ですし，いろいろな問題に出合う経験も大切です。

　各学校でさまざまな手立てがとられていることでしょうが，最も大切なのは，授業改善です。日々の授業で子どもたちに力をつけることこそ，大事にしていただきたいと思います。かくいう私も，授業で教えたはずなのに次の日には子どもたちは忘れていたり，授業時間内ではできるようにならなかったりして，愕然としたことがよくありました。だからこそ，「授業でみんなが伸びる」を合言葉に指導法を工夫してきました。今まさに，子どもたちに学ぶ楽しさや友達と心をつなげながら学ぶ喜びを味わい，学力をつけることが求められています。

　本書には，みんなで学び合う力をつけるための教師のかかわりや授業設計の工夫，学力向上のために心がけることなどがまとめられています。本書を参考にしていただき，子どもたちが安心して学ぶ教室，みんなで学び合い力を伸ばしていく授業をつくっていただきたいと思います。

　最後になりましたが，本書の刊行に際しまして，明治図書の木山麻衣子氏には大変お世話になりました。心より感謝申し上げます。

2016年9月

神田恵子

【著者紹介】

石田　淳一（いしだ　じゅんいち）
京都大学教育学部卒，筑波大学大学院教育研究科修了，同教育学研究科退学後，愛知教育大学助教授，筑波大学講師を経て，現在横浜国立大学教育人間科学部教授。学術博士。2002年度英国オックスフォード・ブルックス大にて在外研究。全国各地の小学校で指導講演を行っている。
主著『子どももクラスも変わる！「学び合い」のある算数授業』，『「学び合い」で学級力＆算数力アップ！　小数・分数のかけ算・わり算の授業』，『「学び合い」で必ず成功する！　小学校算数「割合」の授業』，『聴く・考える・つなぐ力を育てる！「学び合い」の質を高める算数授業』，『「学び合い」を楽しみ深める！グループ学習を取り入れた算数授業』，『「学び合い」の授業づくり入門　深い学びを実現する！「学び合い」の算数授業アクティブ・ラーニング』などがある。（いずれも明治図書）

神田　恵子（かんだ　けいこ）
石川県小松市立第一小学校指導教諭，苗代小学校指導教諭，能美市立辰口中央小学校教頭，小松市立第一小学校教頭を経て，現在小松市立矢田野小学校校長。
平成19年度石川県優秀教員表彰を受賞，平成24年度新算研教育研究賞「最優秀賞」を「見通しをもち筋道立てて考え，表現する力を育てる指導の工夫〜５年『面積』単元において〜」で受賞する。日本数学教育学会誌や科学教育研究に実践研究論文を多数発表している。

〔本文イラスト〕木村　美穂

「学び合い」の授業づくり入門
学力が向上する！
「学び合い」の算数授業「35＋10」分モデル

2016年11月初版第１刷刊	ⓒ著　者	石田淳一・神田恵子
	発行者	藤　原　光　政
	発行所	明治図書出版株式会社
		http://www.meijitosho.co.jp
		（企画）木山麻衣子（校正）有海有理
		〒114-0023　東京都北区滝野川7-46-1
		振替00160-5-151318　電話03(5907)6702
		ご注文窓口　　　　電話03(5907)6668
＊検印省略	組版所	株式会社カシヨ

本書の無断コピーは，著作権・出版権にふれます。ご注意ください。

Printed in Japan　　　　　　　　　ISBN978-4-18-261527-6
もれなくクーポンがもらえる！読者アンケートはこちらから　→

明日からすぐに役立つ！学び合う算数授業づくりの入門書

子どももクラスも変わる！
「学び合い」のある算数授業

石田淳一・神田恵子 著　　本体1,760円+税　図書番号：0413

子どもたちが伝え合い、学び合う算数授業をつくるためにはどうすればよいのか？「足場のある」算数授業を数多く実践してきた著者が、学び合いの授業づくりの極意をチェックポイント・指導案などとともに提案。「授業ノート」「算数日記」などの実物資料も多数掲載。

目次より

はじめに／1章　子どもが学び合う算数授業づくりの極意／2章　学び合いのある算数授業で育てたい4つの力／3章　子どもが学び合う算数授業づくりのコツ／4章　学び合いの仕方を教える算数授業の進め方／おわりに

【A5判・144頁】

「学び合い」のある算数授業はこうすればできる！

聴く・考える・つなぐ力を育てる！
「学び合い」の質を高める算数授業

石田淳一・神田恵子 著　　本体1,700円+税　図書番号：1624

『学び合いのある算数授業』の続編として、思考力・表現力を育てる協同的な学び合いのあり方、学び合いのある算数授業開きの方法、子どもが学び合うための教師の働きかけや言葉がけなど、学び合いのある授業を実践するための様々な指導技術を学年別実践とともに紹介！

目次より

はじめに／1章　思考力・表現力を育てる協同的な学びとは？／2章　学び合いの質を高める算数授業づくりの極意／3章　学び合いの質を高める教師の働きかけと子どもの聴き方・つなぎ方／4章　学び合いの質を高める算数授業の実践事例／おわりに

【A5判・136頁】

グループ学習を効果的に活用し思考力・表現力を育てよう！

「学び合い」を楽しみ深める！
グループ学習を取り入れた算数授業

石田淳一・神田恵子 著　　本体1,700円+税　図書番号：1818

『「学び合い」のある算数授業』シリーズ第5弾の本書では、協同的な問題解決の有力な学習形態である「グループ学習」に焦点をあて、グループ学習の5つの役割や質の4つのレベルなどの理論とともに、指導の仕方、取り入れ方などの低・中・高学年の実践例を詳しく紹介。

目次より

はじめに／1章　学び合いを楽しみ深めるグループ学習／2章　グループ学習を取り入れた授業づくり／3章　効果的なグループ学習の活用法／4章　グループ学習を取り入れた算数授業の実践事例／おわりに

【A5判・132頁】

明治図書　携帯・スマートフォンからは **明治図書ONLINE** へ　書籍の検索、注文ができます。▶▶▶
http://www.meijitosho.co.jp　＊併記4桁の図書番号（英数字）でHP、携帯での検索・注文が簡単に行えます。

〒114-0023　東京都北区滝野川7-46-1　ご注文窓口　TEL 03-5907-6668　FAX 050-3156-2790

＊価格は全て本体価格表示です。